„Herstellung und Verlag:
BoD – Books on Demand, Norderstedt"

© 2013 Eddie Hofmann, Rafael Bopp

Bibliografische Information der Deutschen Nationalbibliothek:
Die Deutsche Nationalbibliothek verzeichnet diese Publikation
in der Deutschen Nationalbibliografie; detaillierte bibliografische Daten sind im Internet über www.dnb.de abrufbar.

ISBN 9783732284573

# Der Aufstand in Habenbeck
eine unglaubliche, makabere
und surrealistische Geschichte

## Einleitung

Buschauffeur Herbert Habenstolz befand sich auf der Heimfahrt. Er pfiff gutgelaunt vor sich hin und erzählte einen kleinen Witz über den Lautsprecher. Die Leute lachten wie immer, der Scherz, tausendmal erprobt, endete mit einer todsicheren Pointe. Es hatte nicht viel Verkehr auf der Straße. Vor ihm jedoch fuhr ein Unverbesserlicher, der anstatt der angegebenen 60 km/h sich im Schneckentempo vorwärtsbewegte. Herbert hupte, denn er musste unbedingt pünktlich an der nächsten Haltestelle ankommen, doch der Mann schien schwerhörig zu sein. „Typisch," dachte Herbert, „Schiebermütze, Zigarre im Mund, und dazu noch ein Schweizernummernschild." Herbert wurde langsam ärgerlich. "Der soll endlich schneller fahren, oder wenigstens etwas zur Seite hin. Aber nein, stur in der Mitte der Straße mit 20 km/h." Herbert verlor die Geduld und überholte, die Situation war nicht wirklich gefährlich, der Fahrer wurde nur leicht abgedrängt. Wie von der Tarantel gestochen kurbelte der Autofahrer die Scheibe herunter, fuchtelte mit seiner Faust herum, spuckte die Zigarre auf die Straße und zeterte : „Du verdammter Busfahreregoist, was fällt dir ein mich fast über den Haufen zu fahren. Verflucht sollst du sein samt deiner ganzen Familie sowie auch alle Einwohner dieser elenden Kleinstadt Habenbeck. Möge euch alles Unglück der Welt geschehen." Herbert hatte nur ein müdes Lächeln übrig. Solchen Idioten durfte man gar keine Aufmerksamkeit schenken.

## Familie Habenstolz

Familie Habenstolz, eine ganz gewöhnliche Familie mit vier Kindern und einem Hund namens Erbeisstschonwieder, den Namen hatte er vom Briefträger erhalten, weil ihn der Hund jedes Mal beim Post abliefern ins Bein biss, wohnte in einem ganz gewöhnlichen Reihenhaus an der Hupfenstielstraße 3 in der ganz gewöhnlichen Kleinstadt Habenbeck wo ungewöhnliche Vorfälle eher ungewöhnlich waren. Das Oberhaupt der Familie Herbert Habenstolz war Buschauffeur von Beruf. Als

geachteter Bürger war er Vorsitzender im Hobbyhoblerverband. Er war stolz auf seinen Beruf und sein Hobby und sehr bekannt für seine Pünktlichkeit und Zuverlässigkeit. Dass sein Bus sich verspäten würde, so etwas Ungewöhnliches war in dieser gewöhnlichen Stadt völlig undenkbar.
Hermine Habenstolz war Hausfrau und arbeitete zwei Tage pro Woche im Eisenwarengeschäft wo sie Nägel sortierte, die langen Nägel in den großen Karton und die Kurzen in den kleinen Karton. Nicht unbedingt eine intellektuelle Beschäftigung, doch gab es einen willkommenen Zuschuss in die Haushaltskasse. Die übrigen Tage war sie beschäftigt mit kochen, bügeln, aufräumen, putzen, einkaufen, ja alles was in einem gewöhnlichen Haushalt an Haushaltsarbeit eben so anfällt. Die Fünfzimmerwohnung mit vier Schlafzimmern, einem Wohnzimmer, Küche und Bad war einfach aber sehr geschmackvoll mit billigen IKEA Möbeln eingerichtet.
Hansdampf Habenstolz der älteste Sohn, 16 Jahre alt, war Lehrling beim Eisenwarengeschäft Ferdinand Eisenknopf + Co GmbH und wurde, wie das eben so üblich ist, von seinem Lehrmeister gründlich ausgenutzt. Seine Freizeit verbrachte Hansdampf im Habenbecker Box Club wo er täglich mehrere Stunden trainierte. Er war ein begabter Boxer und hatte die Juniorenmeisterschaft in Habenbeck schon zweimal gewonnen.
Hildegard Habenstolz, 17 Jahre alt, ging in die Realschule und war heimlich verliebt in Jonathan, den Sohn des Nachbarn, ein ganz gewöhnlicher Junge mitten in der Pubertät mit viel zu langen dünnen Beinen, roten Haaren, Sommersprossen und Akne.
Die Zwillinge Hubi, ein Knabe und Hedi, ein Mädchen, waren 6 Jahre alt und gingen in den Kindergarten. Da die zwei gleich gekleidet waren und dieselbe Frisur hatten wurden sie andauernd verwechselt. Dies führte oft zu komischen Situationen.
So lebte Familie Habenstolz ihr gewöhnliches Leben in ihrer gewöhnlichen Wohnung in der gewöhnlichen Kleinstadt Habenbeck wo ungewöhnliche Ereignisse halt eben ungewöhnlich waren.

## Der Aufstand des VW's

Einige Tage später als Herbert abends nach Hause kam, merkte er, dass etwas in der Wohnung nicht stimmte. „Was ist denn hier eigentlich los?" dachte Herbert und kratzte sich an seinem Kopf. „Alle Gegenstände sind in Aufruhr, die Stühle ändern andauernd ihren Platz, das Geschirr im Küchenschrank klappert mitten in der Nacht. Die Herrenanzüge schleichen in die Garderobe von Hermine, man kann sich ja vorstellen was da alles passieren könnte. Ich brauche Distanz," dachte Herbert, „eine Fahrt ins Blaue, weg von dieser verrückten Wohnung." Als er den Autoschlüssel aus dem Kasten nehmen wollte, entwischte ihm dieser andauernd. Nach etlichen Versuchen gelang es ihm schließlich den Schlüssel an sich zu reißen. Verwirrt ging er in die Garage wo sein Käfer stand. Der VW war schon seit 30 Jahren im Besitz der Familie und hatte niemals irgendwelche Sorgen bereitet. Er startete immer, auch bei der größten Kälte, auf den ersten Anhieb. Das Auto war zwar verbeult, man sah ihm sein beachtliches Alter an, aber solange der Wagen lief, fand Herbert keinen Grund dafür ihn zu verschrotten. Er öffnete vorsichtig die Garagentüre, klug durch Erfahrung, man wusste ja gar nicht mehr was in diesem Haus noch alles passieren konnte. Der VW begrüßte ihn mit Hupen, Blinken und kokettem Hüpfen seines Hecks. „Das gibt's ja nicht" dachte Herbert, „ich werde verrückt." Er setzte sich in den Wagen und wie er den Schlüssel ins Zündungsschloss steckte fing das Radio in höchster Lautstärke an „Rodeo is my cup of tea" zu spielen. Er wollte das Gerät abstellen doch dies gelang ihm nicht und wutentbrannt zertrümmerte er es mit einem Schraubenzieher. „Weg von hier, weg von diesem Irrenhaus" dachte er und startete den Motor, doch nach wenigen Sekunden war der Teufel los. Das Auto begann zu hüpfen wie ein tollwütiger Stier in einer Rodeo Arena und versuchte Herbert aus dem Führersitz zu schmeißen. Verzweifelt klammerte er sich mit der einen Hand an das Steuerrad und mit der anderen versuchte er den Motor auszuschalten. Das Auto stellte sich auf die Vorderräder. Mit einem gewaltigen Ruck warf es den armen Herbert auf den Garagenboden. „Jetzt reicht es, ich habe es satt," schrie

Herbert und rief die Autowerkstatt an. „Mein VW ist tollwütig geworden, bitte schicken sie sofort einen Mechaniker." Das Auto hatte sich inzwischen wieder beruhigt und brummte zufrieden mit seinen vier Zylindern vor sich hin. Nach einer Weile kam der Mechaniker und schaute sich den VW mit gerunzelter Stirne an. Als er die Motorhaube öffnen wollte, verabreichte ihm der Wagen einen Tritt mit dem linken Hinterrad, so dass er in hohem Bogen auf die Garagenauffahrt flog. Er stand auf, bürstete den Staub aus seinen Kleidern und schüttelte den Kopf. „Da ist Hopfen und Malz verloren, es lohnt sich nicht den Wagen zu reparieren, der muss verschrottet werden." Unter wildem Hupen wurde der VW auf den Abschleppwagen geladen und ab ging es zum Autofriedhof. Der VW grinste insgeheim, sein Plan schien in Erfüllung zu gehen, der Autofriedhof war nämlich genau der Platz wo er sein neues Leben beginnen konnte. Das Autodasein war ihm schon lange zuwider und er hatte große Pläne für sein zukünftiges neues Dasein.

**Die Flucht des Hobels**

An einem frühen Sonntagmorgen machte sich Herbert an seine Arbeit. Heute war Hobeln angesagt, er baute nämlich Schiffe aus Holz. Als Seemann durch die Weltmeere segeln, das war schon immer sein heimlicher Traum gewesen. Das Leben hatte jedoch etwas anderes mit ihm vorgehabt: Buschauffeur, Hermine, vier Kinder und der Hund. Aber ganz musste er seinen Traum ja nicht begraben. Seine Schiffsmodelle boten ihm die Möglichkeit das Verpasste nachzuholen, allerdings in hundertfach verkleinertem Maßstab. Herbert war ein Hobbyhobler erster Güte. Die handwerkliche Präzision seiner Arbeiten wurde von allen Leuten in den höchsten Tönen gelobt. Er nahm seinen Lieblingshobel und setzte an, der Schiffsrumpf war noch nicht ganz eben. Gekonnt hobelte er mit dem Werkzeug über das Holz, die Klinge grub sich tief hinein, die Späne flogen. Aus der Küche pfiff es schrill, das Kaffeewasser kochte. Er legte den Hobel kurz hin, holte sich seine Tasse und kam schlürfend zurück. Der Hobel stand aufrecht auf der Werkbank und schien ihn spöttisch anzusehen.

Komisch, er hätte schwören können, dass er das Werkzeug hingelegt hatte. Was soll's, wahrscheinlich war er noch nicht ganz wach. Er kippte die ganze Tasse in sich hinein und nahm die Arbeit wieder auf. Er hobelte, sang dazu ein Seemannslied und genoss die sonntägliche Ruhe. Da rutschte er plötzlich aus und hobelte Haare von seinem linken Unterarm weg. „Das gibt's doch nicht, wie konnte das nur geschehen," er war doch so gut in Fahrt. „Na mein Freund, du hast wohl heute deinen eigenen Kopf" fauchte Herbert in scharfem Ton, den Hobel böse anblickend. Er hob ihn mit der rechten Hand hoch und balancierte ihn senkrecht vor seinem Gesicht. „Eine schöne Nase hast du ja schon, fehlen eigentlich nur noch die Augen." Er nahm zwei Wachsperlen aus seinem Bastelkorb heraus, versah sie mit Klebstoff und drückte sie dem Hobel je seitlich über dem Haltegriff ins Holz. „So, mein Freund jetzt bist du komplett und kannst sogar sehen," zischte Herbert zynisch. Da spürte er einen starken Ruck in seiner Hand und ließ den Hobel fallen. Vor Schreck fiel Herbert rückwärts auf den Boden und blieb bewusstlos liegen. Der Hobel erhob sich langsam, spähte in verschiedene Richtungen und rutschte dann aufrecht mit schleifenden Geräuschen aus dem Bastelzimmer hinaus. Er kam an Herberts Schlafzimmer vorbei und erblickte dort ein Glas mit einem Gebiss darin. Der Hobel ging ins Zimmer, ließ sich vornüber ins Glas fallen und drückte sich das Gebiss ins Holz hinein. Er richtete sich wieder auf und sah sein Ebenbild im Spiegel, er war wie benommen vor Glück. „Das also bin ich...," dachte er, „ein Charakterkopf wie er im Buche steht, scharf geschnittene Züge, dazu eine kraftvoll geschwungene Nase, beinahe aristokratisch, dann diese perfekte Zahnreihe, der weitaufgerissene resolute Mund...." Der Hobel war mit sich rundum zufrieden, einzig vielleicht ein Hut noch, der dem Gesicht sprichwörtlich die Krone aufsetzen würde, ihm noch mehr Autorität und majestätische Würde verleihen könnte. Der Hobel sprang zurück in den Hobbyraum und suchte das Gestell nach einer passenden Kopfbedeckung ab. Er erblickte ein kleines kegelförmiges Holzteil, tippte mit der Nase von unten gegen das Regal und schon fiel der neue Hut auf seinen Kopf. „Jetzt bin ich komplett," rief er in Herberts Richtung, der immer noch benommen am Boden lag. Stolz rutschte der Hobel aus dem Zimmer, den Gang entlang, durch die offene Hintertür hinaus ins Freie. Nun wollte er die Welt kennenlernen, Gleichgesinnte treffen und endlich ein selbstständiges Leben führen.

**Die verliebten Schuhe**

„Schläfst du?" flüsterte der linke Schuh in den Absatz des rechten Schuhs. „Nein" erwiderte der rechte Schuh, „ich kann nicht schlafen." Die beiden Schuhe waren im Ausverkauf in den Besitz von Hermine Habenstolz gelangt. Sie liebten sich inniglich und wurden meist nur bei speziellen Anlässen wie Beerdigungen, Bällen und Konzertbesuchen getragen. Die meiste Zeit verbrachten die zwei gelangweilt im dunklen Schuhkasten zusammen mit Werktagsschuhen mit denen sie absolut nichts zu tun haben wollten. Mit denen Kontakt aufzunehmen oder sich in ein Gespräch einzulassen wäre unter ihrer Würde gewesen. So verbrachten die zwei ihr langweiliges Leben, fern von sozialem Umgang in ihrem Schuhkasten. „Wir müssen den Zustand der Dinge ändern" flüsterte der linke Schuh, „so können wir doch nicht leben. Wir müssen uns unbedingt von den hühneraugendekorierten Füssen unserer Besitzerin befreien." „Ja" seufzte der rechte Schuh nachdenklich, „wäre schon schön wenn wir uns selbstständig machen könnten. Aber wie sollen wir das nur anstellen, wir sind ja gefangen in diesem elenden Kasten." „Ich habe eine Idee" flüsterte der linke Schuh, „wir......" da öffnete sich die Türe des Kastens. Ein Paar von den alltäglichen Schuhen wurde herausgeholt und mit einem Knall wurde die Tür wieder geschlossen. „Also meine Idee ist....." „psst" flüsterte der rechte Schuh, „ich glaube der Mokassin, unser nächster Nachbar spioniert uns aus. Wäre besser wenn du deine Idee für dich behalten würdest." Da öffnete Hermine erneut den Kasten und schmiss die zwei unsanft auf den Boden. Aus ihrer Perspektive sahen die Schuhe die abscheulichen, aderverkrampften, verhassten Beine und Füße von Hermine, die den Ansatz machten sich in sie hineinzuzwängen. „Nein" schrie der linke Schuh, „wir machen Aufstand und Revolution." Er trennte die Sohle ein Stück vom Oberleder und entblößte ein Gebiss. Dieses hatte er der Großmutter, die anlässlich der letzten Weihnachtsfeier bei der Familie übernachtet hatte, aus dem Zahnglas gestohlen. Das Gebiss hatte er sorgfältig ganz vorne im Schuh versteckt. Seitdem konnte die arme Großmutter nur noch Kinderbrei essen. Erschreckt starrte Hermine den tollwütigen Schuh an und versuchte mit Gewalt ihren Fuß hineinzudrücken. Voller Ekel drehte sich der Schuh um und biss sie in die große Zehe. Hermine schrie jämmerlich. Außer sich vor Wut packte sie die Schuhe und warf sie in den Kehrichtkübel. „Endlich sind wir von diesem Joch befreit," jubelte der linke Schuh. „Ja schon", seufzte der rechte Schuh, „aber wir sind ja vom Regen in die Traufe gelandet." Der linke Schuh, der ein waschechter Optimist und Fatalist war, beruhigte den rechten Schuh, „nun ja, es kann ja nur schief gehen." Müde durch das aufwühlende Erlebnis schlummerten die beiden engumschlungen ein. Am frühen Morgen wurden sie durch ein fürchterliches Gepolter unsanft aus ihrem Schlaf gerissen. Der Kehrichtkübel schaukelte wie ein Ozeandampfer bei Sturm und der arme rechte Schuh wurde seekrank. Plötzlich kippte der Kübel um und der ganze Inhalt landete in einem Kehrichtwagen vom städtischen Abfuhrwesen. „Pfui Teufel," klagte der rechte Schuh, „hier stinkt es fürchterlich" und da der Arme ja keine Nase hatte, konnte er sie auch nicht zuhalten. Mit einem Ruck fuhr der Kehrichtwagen an und parkierte nach einer Weile vor dem Laden des Puppenherstellers Franz Doll. Die Lastluke öffnete sich und der Kehrichtkübel von Franz Doll wurde entleert. Der Müll des Puppenherstellers bestand zum größten Teil aus Puppenteilen mit irgendwelchen Fabrikationsfehlern. „Siehst du," jubelte der linke Schuh, außer sich vor Freude, „hier gibt es ja alles was wir brauchen für ein selbstständiges Dasein, Nasen, Ohren, Arme und Augen, also los, wir rüsten uns aus." Gesagt, getan. Der linke Schuh versah sich mit Augen und Armen und der rechte Schuh mit Mund und Brille. Beim nächsten Halt des Kehrichtwagens hüpften die zwei hinaus und verschwanden in die lang ersehnte Freiheit, fern von Krampfadern und stinkenden Schweißfüßen. Erstaunt starrten die wenigen Leute die am frühen Morgen auf dem Weg zur Arbeit waren das ungewöhnliche Schuhpärchen an das fröhlich singend, Arm in Arm durch die Straßen schlenderte.

**Dumbo**

Familie Habenstolz saß bei Tisch und aß Abendbrot. Herbert erzählte wie immer seine langweiligen und ausschweifenden Geschichten, wie er pünktlich an jeder Haltestelle angekommen war. Die Zwillinge hörten nicht zu. Sie traten sich unter dem Tisch gegen ihre Schienbeine, bis die kleine Hedi anfing zu schreien. „Hubi hat mich geschlagen, ganz fest...." Eine Heularie erklang und die Mutter fuhr streng dazwischen. „So, Ruhe jetzt, sonst geht es sofort ab ins Bett." „Aber Hedi hat doch angefangen", brüllte Hubi ihr Bruder. Herbert ergriff das Wort: „Ihr seid jetzt beide ruhig, sonst gibt es morgen im Schwimmbad kein Eis", das wirkte. Die Kinder nahmen sich zusammen und schaufelten artig das Essen in sich hinein. Der Vater, sichtlich erleichtert, fing wieder an von seinen pünktlichen Busfahrten zu prahlen. Da ertönte völlig unerwartet ein lautes, schrilles, trompetenähnliches Geräusch. Eisige Stille.. „Wer war das?" fragte Hermine. Die beiden Kinder schauten sie mit großen Augen an und schüttelten synchron ihre Köpfe. „So, mir reicht es jetzt", Hermine zog die beiden von den Stühlen hoch und gab ihnen einen Klaps auf den Hintern. Stereogebrüll ertönte. „Ihr geht jetzt sofort ins Bett." „Heute kommt doch Sponge-Bob," kreischte Hubi. Hedi wollte auch etwas sagen, doch ihr Heulkrampf ließ es nicht zu. „So, Schluss jetzt, Zähneputzen und nichts wie ab in die Klappe!" Der Vater schlich auf leisen Sohlen davon, er wollte der Mutter nicht ins Handwerk pfuschen. Eine geschlagene Stunde dauerte es, bis die Kleinen endlich im Bett lagen. Das letzte Wimmern verklang und im Haus kehrte Ruhe ein. Hedi schlief noch nicht, sie dachte über das eigenartige Geräusch in der Küche nach. Ihr Bruder hatte nie solche Töne von sich gegeben, der konnte es nicht gewesen sein, aber wer dann...? Neugierig schlich Hedi in die Küche, knipste das Licht an und schaute sich ängstlich um. Sie probierte mit dem Mund ein Geräusch aus, das nur ansatzweise etwas mit einem

Trompetenton zu tun hatte und horchte in die Stille... Sie wiederholte den Versuch und höre da, das seltsame Geräusch von heute Abend erklang wieder. Sie öffnete zaghaft die Schranktür und ging einen Schritt zurück. Vor ihr stand die Teekanne. Das Gießrohr bewegte sich langsam in alle Richtungen. Sie schaute ganz verwundert und fragte: „ Bist du Dumbo...? Aber Dumbo hat doch so große Ohren." Hedi holte die Teekanne heraus und hielt sie dicht an ihren Kopf. Die Kanne schnüffelte mit ihrem Rüssel Hedis ganzes Gesicht ab. Sie kicherte, „hör auf, das kitzelt so, wir müssen leise sein, sonst wachen meine Eltern auf." Sie trug das kleine Bündel in ihr Zimmer und stellte es auf den Nachttisch. „So, zuerst brauchst du Ohren, jeder Elefant hat Ohren." Sie schaute sich in ihrem Zimmer um und suchte alle Gegenstände ab. Ihr Blick traf auf zwei Muscheln, die aus dem Sommerurlaub in Italien stammten. Sie kramte in einer Kiste, holte Klebstoff hervor und klebte dem Elefant die Ohren an. Dann nahm sie die Sonnenbrille von ihrer Lieblingspuppe Berta und heftete sie dem Tier an den Kopf. Hedi war noch nicht ganz zufrieden, etwas fehlte noch. Sie zupfte vier schwarze Schuhe von ihren Puppen ab und befestigte sie mit Leim unten am Elefantenbauch. Nach einigen zaghaften Schritten hüpfte der Elefant wie ein übermütiges Zicklein im Zimmer herum und gab zufriedene Trompetenstöße von sich. Hedi saß auf dem Bett, klatschte fröhlich in die Hände und war glücklich, dass sie ihn gefunden hatte. Sie gab Dumbo einen Gutenachtkuss, stellte ihn auf den Nachttisch und flüsterte „schlaf schön Dumbo." Der Elefant trompetete noch kaum hörbar ein Wiegenlied und Hedi wurde sanft ins Reich der Träume geleitet. Am nächsten Morgen wurde Hedi Punkt 7°° Uhr durch Trompetenstöße geweckt. Der Elefant stand auf dem Nachttisch und trompetete Hedi direkt ins Ohr. Sie erwachte und sagte mit schläfriger Stimme: "Guten Morgen Dumbo, du machst aber schöne Musik." Da ging die Tür auf, die Mutter kam herein und sagte unwirsch: „ Was ist denn hier für ein Theater Hedi. Es ist Samstag, wir wollen alle noch ein bisschen schlafen." Da entdeckte sie den kleinen grauen Elefanten. „Was um alles in der Welt ist denn das? Komm sofort her und erklär mir was hier vor sich geht." Inzwischen war auch der Vater aufgestanden, nur Hedis Bruder Hubi schlief noch, er war ein begeisterter Langschläfer. Die Eltern standen an der Tür und betrachteten den kleinen Elefanten. „Das ist mein Freund Dumbo, ich hab ihn aus dem Küchenschrank befreit," erklärte Hedi. Vater und Mutter gingen in die Küche und diskutierten ob sie dieses seltsame Ding ins Brockenhaus oder in den Zoo bringen sollten. „Wir sehen es uns noch einmal an und entscheiden dann," schlug der Vater schließlich vor. Sie öffneten das Kinderzimmer und sahen das offenstehende Fenster, vom kleinen Tier keine Spur mehr. Hedi brach in Tränen aus, „Dumbo, wo ist mein Dumbo?" Die Mutter nahm sie tröstend in die Arme. „Nicht weinen Liebes, wir kaufen dir etwas Ähnliches .... in der Art."

## Der Boxhandschuh

Der 16jährige Hansdampf kam von der Gewerbeschule nach Hause. Die letzte Stunde in der Berufsschule war kaum zum Aushalten gewesen. Dieses stundenlange Stillsitzen war einfach nichts für ihn. Und dann auch noch Mathematik. Nach so viel Gehirntraining konnte er es kaum erwarten im Ring Dampf abzulassen. Vor zwölf Monaten hatte Hansdampf mit dem Boxen angefangen. Seine dünnen Arme, wegen denen er von seinen Mitschülern immer verspottet worden war, waren immer kräftiger geworden und inzwischen hatte er die Juniorenmeisterschaft schon zweimal gewonnen. Er hüpfte über den Gartenzaun und rannte in sein Zimmer. Dort holte er seine Boxhandschuhe, stopfte sie in die Tasche, mit einiger Mühe allerdings, denn der eine Handschuh quillte immer wieder heraus. Er setzte sich auf sein Fahrrad und brauste los. Es war nicht weit bis zur Sporthalle, fünfhundert Meter nur, doch die umgehängte Tasche schlug ihm beim pedalentreten andauernd in die Nierengegend. Sein heutiger Gegner Uli war einen halben Kopf größer und dreißig Pfund schwerer als er, ein unbeweglicher Mehlsack. Hansdampf stellte sich vor wie er um ihn herumtänzeln würde, um dann im richtigen Moment, wie einst Ali, zuzuschlagen. Er hatte keine Angst, das Wissen um seine Wendig-

keit gab ihm das nötige Selbstvertrauen. In der Umkleidekabine wichen sich die beiden Jungen mit den Blicken aus. Jeder versuchte sich auf den bevorstehenden Kampf zu konzentrieren. Die richtige Einstellung ist enorm wichtig, auch bei einem Trainingsmatch. Das hatte ihnen der Trainer immer wieder eingebläut. Die Jungs stiegen in den Ring, standen sich stramm gegenüber und schauten sich tief in die Augen. Jetzt ein Zucken, das wäre fatal... Hansdampf fing an zu tänzeln. Sein Gegner stand in der Mitte des Ringes, stand einfach da, die Handschuhe als Deckung vor seinem Gesicht. Die kleinen schlitzartigen blauen Augen verfolgten jede Bewegung seines Kontrahenten. Hansdampf holte aus zu einem Uppercut, doch Uli duckte sich erstaunlich geschickt. Der Schlag drosch ins Leere, Hansdampf verlor sein Gleichgewicht und flog in die Ringseile. Mehlsack Uli nützte die Verwirrung seines Gegners aus und versetzte ihm eine kraftvolle Links-Rechtskombination. „Wehr dich Hansdampf," schrie der Trainer. Hansdampfs Zahnschutz flog in hohem Bogen heraus. Die Schläge hatten ihm zugesetzt, er konnte nicht mehr reagieren. „Pause," befiel der Trainer, „setzt euch hin." Hansdampf ließ sich auf seinen Stuhl fallen. Sein Kopf fühlte sich an wie eine zerquetschte Melone. „Ruht euch aus Jungs, wir machen eine kurze Pause," sagte der Trainer in väterlichem Ton.
Hansdampf schnappte nach Luft und jetzt geschah etwas Merkwürdiges. Er spürte plötzlich ein Zucken in seinem rechten Handschuh. Reflexartig versuchte er mit dem anderen Handschuh dieses Rütteln das immer stärker wurde abzufangen, doch er hatte keine Chance. Wie von Geisterhand bewegt löste sich der eine Handschuh, fiel auf den Boden und hüpfte aufrecht mit kleinen kaninchenartigen Sprüngen aus dem Ring heraus. Den Zahnschutz, der auf dem Boden lag, drückte er mit dem ledernen Daumen in sich hinein. Vor den verdutzten Augen der Drei verließ der Handschuh hoppelnd den Raum und verschwand hinter der Eingangstür der Sporthalle.

**Fridolin Nimmersatt**

Der Nachbar der Familie Habenstolz, Fridolin Nimmersatt, der Vater von Jonathan, war bekannt in ganz Habenbeck als ein fanatischer Fußballfan und unersättlicher Vielfraß. Um 20°°Uhr begann der Fußballmatch. Fridolin ließ sich auf das Sofa plumpsen, eine Feder sprang aus dem Sitz heraus. Er musste unbedingt vorsichtiger sein, dies war schon das dritte Sofa in diesem Monat. Aus dem Brockenhaus zwar, aber es ging trotzdem ins Geld. Sein Lieblingsclub der FC Habenbeck spielte heute im Europacup. Vor sich hatte Fridolin von links nach rechts eine Lammkeule (extra fett), Kartoffelsalat, daneben Käsecracker, einen aufgewärmten Nudelauflauf und einen Saumagen im Speckmantel aufgetischt. Zuvorderst befand sich ein Wurstkäsesalat an einem leichten Diätdressing. Fridolin musste nämlich auf sein Gewicht achten. In der Küche piepte die Mikrowelle, das Hähnchen war bereit. Er hatte aber keine Lust aufzustehen. Er begann mit der Lammkeule, biss voller Verzücken in sie hinein, der Saft lief ihm langsam über das Kinn bis ins Unterhemd. Fridolin grunzte vor Glückseeligkeit, „und jetzt noch ein Schluck Bier... ah, so macht das Leben Sinn." Das Fußballspiel war in vollem Gange doch sein Club tat sich schwer. Seine Spieler brachten keine vernünftige Offensivaktion zustande. Fridolin machte sich an den Saumagen heran. „Schieß doch du Niete" schrie er mit vollem Mund, „typisch Dudinho, verdribbelt sich andauernd." In der Zeitung hatte er gelesen, dass der neueingekaufte Brasilianer fünf Kilo Übergewicht mit sich herumschleppen würde, kein Wunder blieb er immer in der gegnerischen Abwehr hängen. „Fünf Kilo, das muss man sich mal vorstellen. Diese Brasilianer haben sowieso nur saufen, fressen und feiern im Kopf." Fridolin stopfte sich den Rest des Saumagens in den Mund, als Dudinho den Ball treffsicher ins Netz schoss. „Tor," schrie Fridolin und haute versehentlich mit der flachen Hand in den Kartoffelsalat hinein. Es spritzte bis an die Decke und der Nussknacker fiel vom Tisch genau auf sein linkes Hühnerauge. „Verdammt noch mal, ich muss mein Temperament zügeln," stöhnte er und hielt sich den schmerzenden Fuß. Mit großer Mühe angelte er sich den Nussknacker und legte ihn wieder auf den Tisch. Das Spiel ging weiter, er durfte keine Sekunde verpassen. Fridolin stopfte sich einen Käsecracker in den Mund, nagte am Knochen der Lammkeule und spülte das mit sechs Liter Bier hinunter. Das Spiel verlief seit einigen Minuten etwas eintönig und Fridolins Gedanken schweiften ab zu seinem Sohn Jonathan. Seit dieser die Türen um das Doppelte vergrößert hatte kam Fridolin überall wunderbar durch die Wohnung. Er musste sich einfach seitlich vor die vergrößerte Türöffnung stellen und dann vorsichtig durchrutschen. Jonathan war es auch der ihm im Schlafzimmer über dem Bett einen Hebekran installiert hatte. Wenn Fridolin morgens noch müde war, musste er bloß auf einen Knopf drücken und schon wurde er automatisch in die Senkrechte gehievt. Auf dem Fußballfeld geschah nach wie vor nichts Aufregendes und Fridolin dachte über seinen Job als Bratwurstverkäufer nach. Irgendwie war das nicht das Richtige für ihn. Seit er mit einer Bratwurstvergiftung ins Spital eingeliefert worden war, konnte er keine Bratwürste mehr sehen. Vielleicht sollte er einen radikalen Berufswechsel vornehmen, zum Beispiel Hotdog Verkäufer. Das Fußballspiel war immer noch langweilig. Seit dem Tor passierte nichts mehr von Bedeutung. Nun wandte sich Fridolin dem Käse zu, „mmh... herrlich dieser Greyerzer, dazu ein paar Nüsse..." Er griff nach dem Nussknacker, schob eine Nuss hinein und drückte zu. Ein stechender Schmerz durchströmte seinen Finger und Fridolin schrie wie am Spieß. Der Nussknacker hatte ihm den linken Zeigefinger zerquetscht. Wutentbrannt warf er den Nussknacker aus dem Fenster und hielt laut fluchend seinen blutenden Finger in die Diätessigsauce. Der Nussknacker lag im Garten auf dem Gras. Er richtete sich auf und machte sich mit schnellen Schritten davon. „Weg von hier, nur weg von diesem Widerling." Er war frei, endlich frei. Mit jedem Schritt spürte er, wie sein jahrelang unterdrücktes Selbstwertgefühl sich immer mehr weitete. Er spürte deutlich, dass er zu Höherem geboren war, als tagein tagaus nur Nüsse zu knacken. Dies war der Anfang der Seuche, die sich wie ein Lauffeuer verbreitete, von Haus zu Haus, von Straße zu Straße, von Quartier zu Quartier. Dies war der Anfang des Aufstandes der Dinge, der Aufstand in Habenbeck.

**Die Holzkelle und der Gegenstand mit den vier Beinen**

Am Habenbeckerplatz mitten im Zentrum von Habenbeck neben dem Rathaus befand sich der Laden von Theobald Kramenknopf. Die Einrichtung des Ladens war ziemlich altertümlich mit Hunderten von kleinen Schubladen und einem vorsintflutlichen Kassenapparat. Bis zu seiner Pension verkaufte Theobald Knopflöcher. Aber seit der Erfindung des Reißverschlusses waren Knopflöcher eben immer weniger gefragt. Deshalb ging Theobald an seinem sechzigsten Geburtstag in den Ruhestand und überließ das Geschäft seinem Sohn Theodor der jetzt Hosenträger, Sockenhalter und Bleistiftspitzer verkaufte. Theodor war Junggeselle und wohnte bei seinen Eltern im ersten Stock oberhalb des Geschäftes. Er hatte keine Beziehungen zum weiblichen Geschlecht, mit Ausnahme von pornografischen Zeitschriften die er in sein Zimmer geschmuggelt und sorgfältig unter der Matratze versteckt hielt. Seine Mutter, Sabine Kramenknopf, eine fromme, rechtschaffene und strenge Frau die jeden Sonntag in die Kirche ging, wusste Gott sei Dank nichts von dem sündigen Verhalten ihres Sohnes. Sie kochte für ihn, bügelte seine Unterwäsche, stärkte die Kragen seiner Hemden und versuchte, mit vermeintlichem Erfolg, ihn von den Versuchungen des weiblichen Geschlechtes fernzuhalten. Das Wohnzimmer war gemütlich und mit allerlei Erbstücken möbliert. An der einen Wand hing ein Bild mit einem Rentier und einer roten Hütte. Das Bild hatte Theobald während einer Reise mit dem „reisenden Hotel" in Lappland gekauft. Diese Reise, ein Lotteriegewinn, war natürlich ein großes und ungewöhnliches Ereignis für die Familie Kramenknopf die niemals weiter gereist war als bis zur Nachbarstadt zu der jährlichen Zusammenkunft des Knopflochverbandes. An der Wand gegenüber hing eine Holzkelle ungefähr einen Meter lang, ein Erbstück von Sabines Großmutter. Unter der Kelle befand sich ein hölzerner Gegenstand mit vier

Beinen, auch der ein Erbstück. Doch niemand wusste, was dieser eigentlich für eine Funktion hatte, er stand einfach da.

Eines Abends kam Theodor aufgeregt aus seinem Geschäft und erzählte seinen Eltern von einem Gerücht das im Umlauf war, nämlich dass sich Gegenstände selbständig machen würden. „So etwas Ungewöhnliches kann doch in dieser gewöhnlichen Stadt gar nicht passieren," meinte Theobald mit skeptischer Miene. „Doch" erwiderte Theodor „ich habe es vom Polizisten Willibald Gerstmeier selber erfahren." Die Kelle hörte gespannt zu und fing an einen geheimen Plan zu schmieden. Es war Mitternacht und die Familie Kramenknopf schlief tief und fest. „Wir hauen ab." flüsterte die Kelle. „Wos is?" fragte der vierbeinige Gegenstand schlaftrunken. (Er kam offensichtlich aus Bayern) „Wir hauen ab, ich habe es satt einfach an der Wand zu hängen. Ich will raus in die Welt, vielleicht eine Familie gründen." „A geh, des is doch a Schmarrn," flüsterte der Gegenstand. „Nein, nein" erwiderte die Kelle, „ich habe einen Plan, du hast vier Beine und ich habe einen Kopf, wenn wir uns vereinen könnten wir abhauen." „Also gut" sagte der Gegenstand der jetzt hellwach war, „wir können es ja versuchen." Da nahm die Kelle einen Satz, hüpfte von der Wand herunter und verkeilte sich in den vierbeinigen Gegenstand. Ganz leise öffneten sie die Türe und schlichen lautlos die Treppe hinunter, hinaus in die lang ersehnte Freiheit. Doch diese zeigte sich nicht von ihrer besten Seite. Es war kalt und Regen peitschte um die dünnen Beine des Gegenstandes. „Ich will nach Hause" jammerte er schlotternd, „das war keine gute Idee." Da sahen sie, dass der Laden für Scherzartikel trotz später Stunde hell beleuchtet war. „Wir gehen hinein", schlug die Kelle fröstelnd vor, „wir können uns da sicher aufwärmen." Der Besitzer des Ladens, Vladimir von Witzberg, der damit beschäftigt war den Lagerbestand aufzunehmen, starrte erschreckt auf diesen ungewöhnlichen Besuch und fiel in Ohnmacht. Mit Begeisterung sahen sich die beiden im Laden um, hier gab es ja alles was sie brauchten um ein Leben in Freiheit genießen zu können. Sie versahen sich mit Augen, Perücke, Brille, Armen, Mund, sowie Strümpfen und holländischen Holzschuhen für den vierbeinigen Gegenstand. Stolz schauten sich die zwei im Spiegel an und waren äußerst zufrieden mit ihrem neuen Aussehen. Da hörten sie ein Stöhnen von Vladimir, der langsam aus seiner Ohnmacht erwachte. „Höchste Zeit, dass wir uns aus dem Staub machen," schlug die Kelle vor. Ziellos schlenderten sie durch die Straßen und wussten nicht was sie mit ihrer neugewonnenen Freiheit anfangen sollten. „In München steht ein Hofbräuhaus, eins zwei suffa." Ein Pärchen, offensichtlich beschwipst und Sauflieder singend, kam den beiden entgegen. Der Mann hatte eine Pappnase aufgesetzt und die Frau eine Brille mit Nase und Schnurrbart. „Hick, was bist du für ein komisches Wesen, hick," fragte er die Kelle, „kommst du vom selben Fest, hick?" „Überhaupt nicht" antwortete die Kelle, „wir sind fremd in dieser Stadt und haben kein Geld, gibt es hier irgendwo eine Unterkunftsmöglichkeit?" „Ja, hick, um die Ecke steht ein leeres Haus, da könntet ihr, hick, sicher Unterkunft für die Nacht finden." Die Kelle bedankte sich und das beschwipste Paar wankte weiter und verschwand in der Dunkelheit. Im Laufschritt - mit den vier Beinen des Gegenstandes ging das wie der Blitz – sprangen sie um die Ecke und hielten vor dem leeren Haus an. Die Türe war nicht verriegelt und vorsichtig traten sie ein. Es war stockdunkel und nach einigen Schritten stolperten sie über etwas das auf dem Boden lag. Dieses Etwas fing in höchster Lautstärke an zu trompeten. Ein Gepolter ertönte aus dem Treppenhaus und jemand zündete das Licht an. Erstaunt schaute die Kelle auf das auf dem Boden liegende Etwas, ein kleiner Elefant der aus voller Kraft trompetete. Es war Dumbo, Hedis Elefant. Die Kelle entschuldigte sich für die Störung, sie hätte geglaubt, dass das Haus unbewohnt wäre. „Ja ja, unbewohnt ist es" sagte der Hobel „wir haben das Gebäude besetzt weil es leer war. Wir sind alles Gegenstände die sich selbstständig gemacht haben." Ein eng umschlungenes Schuhpärchen kam die Treppe herunter. „Wir sind die Schuhe von Hermine Habenstolz und wir haben uns heute Nachmittag verlobt. In einer Schublade mit Matratze, Seidenleintüchern und Daunendecke haben wir es uns gemütlich gemacht. Im ersten Stock hat sich der Nussknacker in einer Puppenstube eingerichtet und im Fitnessstudio im Keller wohnt ein Boxhandschuh. Ich nehme an, dass ihr auch euren

Besitzern davongelaufen seid, in diesem Fall herzlich willkommen." Die Kelle wollte sich auf einen Stuhl setzen, doch dies war mit einigen Schwierigkeiten verbunden. Der Gegenstand mit den vier Beinen hatte sein Leben lang nur gestanden und wusste nicht was er mit seinen Beinen anfangen sollte, es waren einfach immer zwei zu viel. Nach einiger Übung gelang es ihm doch allmählich die Kontrolle über seine Extremitäten zu erlangen. Er setzte sich hin und zusammen mit der Kelle fiel er in tiefsten Schlaf. Sie träumten von großen Siegen, mit den vier Beinen konnten sie fast doppelt so schnell rennen wie ihre Gegner. Bei den olympischen Spielen gewannen sie die 100 Meter in 6.5 Sekunden und bei der Tour de France siegten sie bei jeder Etappe. Es war nämlich so, dass während zwei Beine in die Pedalen traten, die anderen zwei sich ausruhen konnten. Ein schrilles Hupen riss die beiden aus ihren schönen Träumen und der Gegenstand, schläfrig wie er war, versuchte aufzustehen. Das ging aber gar nicht gut, denn er hatte vergessen, dass zwei seiner vier Beine verschränkt waren und auf nur zwei Beinen zu stehen, das konnte er noch nicht. Er verlor das Gleichgewicht und die Kelle fiel kopfüber auf die Nase. Der Gegenstand entschuldigte sich für seinen plumpen Aufstehversuch. „Schon gut, schon gut" beschwichtigte ihn die Kelle, „das nächste Mal wird es sicher besser gehen."

**Die Muschel**

Zahnärztin Angela Frohbiss war die Nachbarin von Fridolin Nimmersatt. Vor einem Monat hatte sie ihm mit Hilfe des Hebekrans über seinem Bett zwei Zähne gezogen. Die Zahnarztpraxis wäre zu eng für ihn gewesen. Fridolin hatte wie eine ganze Mammutherde gebrüllt und die gesamte Nachbarschaft in Angst und Schrecken versetzt. Eines Abends kam Angela todmüde nach Hause. Sie legte sich auf die Couch, völlig ausgelaugt. Schreiende Kinder, das ständige monotone Surren des Bohrers, laut betende Grossmütter, was für ein Tag. Sie müsste wieder mal Urlaub machen, sich entspannen, auf den Malediven oder so. Sie holte die große Muschel die auf der Kommode lag und hielt sie ans Ohr. Sogleich war das beruhigende Meeresrauschen zu hören, Balsam für ihre Seele. Wenn schon kein Urlaub, dann wenigstens akustisches Wellnessprogramm. Der Rhythmus ihres Herzens glich sich langsam dem bedächtigen Auf und Ab der Wellen an. Sie konnte wieder frei durchatmen, was für eine Wohltat. So lag sie da, eine halbe Stunde vielleicht und tauchte ganz ab in ihre tropische Phantasiewelt. Plötzlich veränderte sich der Klang des Rauschens und wurde immer rauer. War das denn möglich? Das Meeresrauschen hatte sich ganz langsam in ein profanes Klospülungsgetöse verwandelt. So eine Unverschämtheit, trieb die Muschel etwa Schabernack mit ihrem Hörsinn? Sie wollte sie sich vom Ohr reißen, doch es ging nicht. Sie zerrte wie verrückt, ohne Erfolg. Es kamen immer mehr Geräusche dazu, Heino sang blauer Enzyan, dann zwitscherten die Wildecker Herzbuben ihr Herzilein. Anschließend Technopresslufthammergestampfe, abscheulich und nicht zum Aushalten. Sie war allem was nun kam hilflos ausgeliefert. Es ging weiter mit dem Scheuern von Schulkreiden über eine Wandtafel, übergehend in psychodelische Siebzigerjahre Synthesizerklangorgien. Dann schallmauerdurchbrechende Kampfflugzeuge, ein Frauenchor mit synkopischem Hexengelächter, Julio Iglesiasgejammer durch Hall noch verstärkt, Tausende von E-Gitarren schrammten Highway to hell, schrilles Hitchcockfrauengekreische, ein Symphonieorchester mit Kreissägen ausgestattet spielte Ravels Untergangswalzer und Orffs Carmina Burana wurde mit Brunstschreien inszeniert. Tyrannosaurusrex Gebrüll, explodierende Dezibelmessgeräte und ein Eunuchenjodelchörli im Koksrausch das die Nationalhymne kreischte. Alle Reden von Georg W. Bush wurden gleichzeitig rückwärts abgespielt und ergaben etwa gleichviel Sinn wie normal gesprochen. Angela war der Ohnmacht nahe, doch es gab noch eine Steigerung. Nun hörte sie alles was bisher nacheinander gesendet wurde gleichzeitig, übereinander und durcheinander. Ein Höllenrauschen, eine Kakophonie des Grauens, so musste der Urknall getönt haben. Angela lag keuchend auf der Couch, erschöpft und desillusioniert. Da fiel die Muschel von ihr ab und landete auf dem Teppich. Angela schlief auf der Stelle ein und wachte erst vierzehn Stunden später wieder auf. Die Muschel war nicht mehr da, aber Angela wusste, dass dies kein Traum gewesen war. Zu deutlich hallte das Erlebte in ihrem Kopf nach, diese ganze irrwitzige, apokalyptische Vertonung einer Hieronymus Boschszenerie. Die Zahnärztin, immer noch benommen, träufelte entzündungshemmende Tropfen in ihr Ohr. Sie öffnete ihren Laptop und buchte im Internet eine Woche Wanderferien in den Bergen, möglichst weit weg von Muscheln und anderen Meeresbewohnern.

Mittlerweile stand ein kleiner VW vor dem verlassenen Haus und hupte wie ein Besessener. Die Kelle und der Gegenstand öffneten die Türe. „Guten Abend, mein Name ist Professor Volker von Wagen. Bin ich hier am rechten Ort, ich meine, versammeln sich hier alle Gegenstände die gegen ihre Besitzer revoltieren?" „Ja stimmt", sagte die Kelle, „sind Sie auch ihrem Besitzer davongelaufen, beziehungsweise gefahren?" „Ja", entgegnete Volker von Wagen, machte einen burn out und schleuderte gegen das Schuhpärchen, das sich nur mit Not vor dem verrückten Auto retten konnte. „Solchen Unfug akzeptieren wir hier nicht," schimpfte der linke Schuh und der rechte Schuh nickte zustimmend. „Tut mir leid", sagte der VW, es stimmt etwas nicht mit meiner Kupplung." Der Nussknacker kroch unter den Wagen und schraubte an einer Schraube herum, „kein Problem, der Schaden ist schon behoben." Plötzlich ertönte ein furchtbares Geräusch vor dem Haus. „Das ist ein Orkan" flüsterte der rechte Schuh, „Windstärke mindestens 35 Meter pro Sekunde." Die Bäume vor dem Haus bewegten sich jedoch nicht und trotz totaler Windstille wurde das Geräusch immer stärker. Mit einem Schlag hörte es auf und aus der Stille ertönte eine sanfte Stimme: „Ich war es, ich habe diese Geräusche verursacht. Ich bin die Muschel und lief meiner Besitzerin davon, weil ich es satt hatte immer nur sanftes Meeresrauschen zu liefern. Das Leben besteht ja schließlich nicht nur aus Meeresrauschen und deshalb habe ich mich entschlossen in die Politik einzusteigen. Fortan werde ich die Linken mit unendlichen Reden von Stalin und Fidel Castro belästigen und die Rechten mit sämtlichen Reden von George W. Bush, aber mit Adolf Hitlers Stimme. Das meine Lieben ist mein Lebensziel, Meeresgeräusche sind ab jetzt Vergangenheit." Im Wohnzimmer befand sich ein Aquarium. Die Muschel nahm einen Riesensatz, plumpste in das Wasser und machte es sich neben einer Koralle bequem. Die Fische beschnupperten neugierig den fremden Gast, gingen aber bald wieder zu ihrer normalen Tätigkeit über, das heißt von links nach rechts und von rechts nach links zu schwimmen. Da es schon Mitternacht war legten sich alle Gegenstände zur Ruhe und erwachten nach einem wohltuenden Schlaf erst am späten Morgen.

## Der Kuchen

Hermine Habenstolz wollte einen Kuchen backen, es sollte eine Überraschung für ihren Mann Herbert werden. Ihm wurde heute nämlich das Pünktlichkeitsverdienstabzeichen verliehen. Herbert war über einem Zeitraum von zehn Jahren der Pünktlichste aller Busfahrer gewesen. Hermine war so stolz, dass sie ihm einen Gugelhopf mit besonders vielen Rosinchen backen wollte, denn sie wusste, dass Herbert ganz vernarrt war in diese kleinen Schrumpelfrüchte. Sie knetete den Teig und dachte dabei an ihren Herbert in seiner chicken Uniform mit dem blanken Orden auf seiner Brust. Erotische Gefühle kamen in ihr auf. Nach minutenlangem Kneten wurde der Teig immer klebriger, etwas stimmte nicht. Wahrscheinlich war zu wenig Hefe darin. Sie gab eine Portion dazu, vielleicht noch eine und zur Sicherheit noch mal eine. Sie verließ die Küche, denn der Teig musste in Ruhe aufquellen. In der Zwischenzeit bügelte sie die Boxershorts von Hansdampf mit Dampf. Eine Stunde später betrat sie die Küche wieder und wurde fast vom Schlag getroffen. Der Teig war so aufgequollen, dass er nun etwa ein Drittel der Küche ausfüllte. Ein monströser schwabbeliger hellbrauner Haufen der vor ihren Augen noch weiter zu wachsen schien. Geistesgegenwärtig schrie sie nach Hilfe, „Hansdampf, Hubi, Hedi, Hildi, alle sofort herkommen." Ihre Stimme überschlug sich und die Kinder stürzten verwundert in die Küche. Mit offenem Mund starrten sie diesen abscheulichen Teighaufen an. „Ist das Barbappapa?" fragte die kleine Hedi. Hans-Dampf gab einige vorsichtige Fausthiebe in den

Teigsack ab und Hildi lachte hysterisch vor sich hin. Hermine öffnete das Küchenfenster und schrie, „jetzt alle schieben, los." Dies war jedoch ein schwieriges Unterfangen. Wenn man zu fest dagegen drückte, verschwanden die Arme bis zu den Schultern im Teig und wenn man nicht genug drückte passierte überhaupt nichts. Doch irgendwie schafften sie es mit vereinten Kräften und drückten den Schwabbelberg durch das Fenster in den Garten hinaus, wobei Hubi fast ganz im Teig versank.

Der Teig breitete sich im Garten weiter aus, sein Wachstum war nicht aufzuhalten. Mit jeder Minute nahm sein Umfang zu. Jetzt hatte er bereits das Volumen eines Kleinbusses. Erbeisstschonwieder bellte wie verrückt, so etwas Merkwürdiges hatte er noch nie gesehen. Fridolin Nimmersatt, der Nachbar der Habenstolz Familie, stand am offenen Fenster und leckte sich seine wulstigen Lippen ab, wahrlich ein gefundenes Fressen für den Dreizentnermann. Hermine rannte wie ein Duracell-Häschen im Garten herum und schrie, „wir müssen was tun, wir müssen sofort was tun. Kinder denkt nach, ich kann keinen klaren Gedanken mehr fassen." Hedi stand daneben und staunte wie Alice im Wunderland. Hildi lachte hysterisch und Hubi weinte jämmerlich vor sich hin. Diese groteske Szenerie wurde durch das nervtötende Kläffen des Hundes noch unterstrichen. „Wir müssen sofort die Notrufzentrale benachrichtigen," schlug Hansdampf vor, er fühlte sich als Einziger zu einer vernünftigen Entscheidung fähig. Er tippte die Notfallnummer in sein Handy. Während-dessen biss der Hund ständig in den Teig hinein, was zur Folge hatte, dass seine Schnauze außen und innen völlig verklebte. Er versuchte sich laut winselnd durch übertriebene Kaubewegungen von diesem klebrigen Unrat zu befreien. Inzwischen war der Teig zur Größe eines Pottwals aufgequollen. Am Gartenzaun versammelten sich immer mehr Nachbarsleute. Ein Raunen ging durch die Reihen wie bei einer Zirkusvorstellung. Mit Blaulicht und quietschenden Reifen kamen sie endlich, die rettenden Engel in ihrem roten Fahrzeug. Der Feuerwehrkommandant erkannte sofort die prekäre Lage und befahl mit lauter Stimme „Ansaugen!" Etwa dreißig Schläuche wurden ausgerollt, in den Teigberg gesteckt und funktionierten nun wie große

Staubsauger. Der Teigwall konnte so mit einiger Mühe auf den Anhänger gehoben werden. Der Kommandant beruhigte die Familie fachmännisch mit einigen aufbauenden Worten und fügte schlicht hinzu ... „wir schicken ihnen dann die Rechnung!" Er setzte sich wieder ans Steuer, verabschiedete sich und verschwand mit der Wabbelfracht. Die Nachbarn klatschten, die Vorstellung war zu Ende. Die Feuerwehr fuhr ihre Fracht zur nächstgelegenen Müllhalde, doch nicht ohne Zwischenfall. Bei einem etwas abrupten Bremsmanöver in der Innenstadt rutschte der Teighaufen rückwärts über eine hinterherfahrende Autokolonne. Die Fahrzeuge wurden darunter begraben und sahen aus wie überdimensionale Rosinen in einem monströsen Kuchen. Die ganze Ansaugzeremonie musste von neuem gestartet werden. Der Kommandant bewies erneut einen kühlen Kopf und gab glasklare Anweisungen. Eine Stunde später konnte es wieder losgehen. Während der verbleibenden Fahrt wurde der Teigberg mit Hilfe der Multifunktionsschläuche mit Antiwachstumshormonen besprüht. Der Teig hatte am Ende der Fahrt sein Wachstum endlich eingestellt. Der ganze Riesenberg wurde abgeladen, als ein dumpfer Schrei zu hören war. Der Kommandant erfasste die Lage wie immer präzise. „Da ist noch einer drin, bereit machen zum Ausbuddeln!" Drei Feuerwehrleute gruben sich mit Schaufeln durch die Pampe bis sie auf etwas Hartes stießen. Zum Vorschein kam der völlig verängstigte Fridolin. Der Nimmersatt hatte sich doch tatsächlich wie eine Made in den Speck hineingefressen. Sie zerrten ihn heraus und reinigten ihn mit einem Wasserschlauch. Fridolin lag total durchnässt auf dem Boden. „Absaugen" befahl der Kommandant. „Nein," schrie Fridolin, er hatte die größte Mühe sich die Multifunktions-schläuche vom Leib zu reißen und den Feuerwehrleuten irgendwie klarzumachen, dass seine Körperfülle nicht einfach abgesaugt werden konnte. Der Kommandant erkannte seinen Fehler und kam zur Einsicht, dass es sich bei diesem Riesending nur um einen Walfisch handeln konnte. So wurde Fridolin noch am gleichen Abend im Habenbecker Zoo im Walfischbecken abgeladen.

Fridolins Kopf ragte wie eine rote Boje aus dem Wasser. Er schrie sich regelrecht die Lunge aus dem Leib. Da hörte er, wie der Kommandant zu seinen Leuten sagte: „Hab gar nicht gewusst, dass die neuerdings eine Heulboje im Bassin installiert haben. Wahrscheinlich gibt sie immer dann ein Signal, wenn sich die Walfische merkwürdig verhalten." Erst dem Zoowärter fiel auf, dass da im Wasser etwas schwamm, was eigentlich nicht hineingehörte. Von den Walfischen selbst ging keine Gefahr aus, im Gegenteil. Sie legten abwechselnd sanft ihre Schwimmflosse um Fridolins Körper und zogen ihn einige Meter durch das Wasser. Wahrscheinlich hatten sie das Gefühl er wäre einer von Ihnen. Es kam Fridolin sogar vor, als wollten sie ihn adoptieren. Es dauerte sicher eine halbe Stunde bis die Feuerwehrleute ihn mit Seilen endlich aus dem Wasser gezogen hatten. Der Zoowärter kümmerte sich anschließend rührend um Fridolin. Er brachte ihm heißen Tee und zog ihm mit Hilfe von vier Elefantenwärtern die nassen Kleider aus. Er knotete sie einigen Giraffen um den Hals. Dann scheuchte ein Viehtreiber die Tiere mit ihren geblähten Segeln so lange im Kreis herum bis die Kleidungsstücke wieder trocken waren. Inzwischen wurde Fridolin mit einem alten Zirkuszelt zugedeckt. Als er wieder zu Hause war ließ er das Erlebte Revue passieren. Er dachte voller Hass und Abscheu an diesen Feuerwehrkommandanten, so ein Hornochse. Fridolin nahm sich fest vor ihn nie wieder zu grüßen wenn er ihm irgendwo auf der Straße begegnen würde.

**Der Seestern**

Im Art-Deco Geschäft in der Habenbecker Altstadt befanden sich allerlei Objekte. Neben afrikanischen Holzskulpturen und handgefertigtem Schmuck aus aller Welt hingen an der Wand einige Radierungen vom Habenbecker Rathaus. Diverse Kunstbücher und mehrere geschmackvoll renovierte alte Stühle sowie drei handbemalte Kleiderschränke aus den Zwanzigerjahren gehörten zum Verkaufsangebot. Ein großer wunderschöner Seestern prangte gegenüber der Eingangstür an der Wand und zog sofort alle Blicke der eintretenden Leute magnetisch auf sich. Es war Wochenende, viele Leute kamen, stöberten und gingen wieder weiter. Der Seestern zählte täglich die hereintrudelnden Besucher, heute waren es bis jetzt fünfundachtzig. Diese kleine Beschäftigung lenkte den Seestern von seiner erdrückenden Langeweile ab. Mit Wehmut dachte er an jene Zeit im Meer zurück, als er sich im warmen Wasser von der Strömung treiben ließ und mit befreundeten Korallen und Jakobsmuscheln Räuber und Gendarm spielte. Er hatte sich jeweils unter einem Rochen oder einer Flunder in den Sand hineingegraben und sich für die anderen unauffindbar gemacht. Dies war das perfekte Versteck, er ging jedes Mal als Sieger des Spiels hervor. Es war eine unbeschwerte Zeit des Tobens und Herumtollens bis der unheilvolle Tag kam an dem Neptuns Antlitz sich verfinsterte und der Seestern in die engmaschigen Fänge eines Fischkutters geriet. Der Stern verfiel in eine tiefe Ohnmacht und wachte erst viel später wieder auf, als Dekorationsgegenstand gefangen in einem Habenbecker Altstadtladen. Der Meeresstern beobachtete auch die Leute draußen die durch die Gassen schlenderten und in samstäglicher Gelassenheit an den Schaufenstern vorbeizogen. Vor dem Laden gab ein Artistentrupp eine Vorstellung. Ein Kind stieg auf die Schultern seines Vaters und vollbrachte auf seinem Kopf einen Handstand, nach einer kurzen Konzentrationsphase sogar einhändig. Der Seestern war zutiefst beeindruckt, diese Körperbeherrschung, diese Anmut, selten hatte er so etwas Schönes gesehen. Ein zweites Kind schlug auf der Matte einen Rückwärtssalto. Einige Leute die stehengeblieben waren applaudierten. Dann bildete die Familie zu viert eine Pyramide. Nach der Vorstellung ging einer der Artisten mit einem Hut durch das Publikum und sammelte den wohlverdienten Lohn ein. Der Seestern versuchte nun selber seine Glieder durchzustrecken, mehr als ein Knacksen brachte er jedoch nicht zustande. Er hatte das Gefühl für seine fünf Arme völlig verloren. Er musste hier weg, soviel war sicher, aber wie? Er begann mit täglichem Körpertraining, streckte zunächst seine Arme durch, so gut wie möglich, erst einzeln, dann alle gleichzeitig und zog sie wieder zusammen. Dann legte er eine kleine Pause ein. Ausdehnen und zusammenziehen, ganz einfach und dabei das Atmen nicht vergessen. Der Seestern machte es so unauffällig, dass niemandem im Laden etwas auffiel. Allmählich erlangte er wieder die ursprüngliche Elastizität und Geschmeidigkeit in seinen Gliedern und fühlte sich wieder kräftiger und auch im Geiste wacher. Diese Voraussetzungen brauchte er um seinen Plan in die Tat umsetzen zu können. Und jetzt war es endlich soweit, heute würde sich sein Leben verändern, würden die Schranken endlich fallen die ihn zu einem wehrlosen Gefangenen gemacht hatten. Der Nagel an dem er aufgehängt war sollte ihm als Achse dienen um die er sich drehen würde. Er bündelte innerlich seine ganze Kraft auf den Achsenpunkt in der Mitte seines Körpers. Der Seestern expandierte nun von dieser Mitte aus seine gesamte Energie nach außen und ließ sie in seine Glieder schnellen. Er fiel beinahe von der Wand und fing an zu rotieren, erst langsam, einem Windrad ähnlich und dann immer schneller werdend wie ein Propeller. Die Leute im Laden waren längst auf das aufmerksam geworden was sich da über ihren Köpfen abspielte. Sie verharrten verschreckt in ihrer Position und starrten ungläubig in die Höhe. Die einzelnen Arme des Seesterns waren nicht mehr zu sehen, nur ein kreisrundes Etwas das eine unglaubliche Windtätigkeit entwickelte, ein wahrer Taifun. Die Preislisten und sonstigen Zettel flogen durch die Luft und wurden im Inneren des Propellers in Tausend kleine Stücke zerrissen. Ein gewaltiger Konfettiregen wirbelte durch den Raum. Die Leute schrien vor Panik. Kleidungsstücke und Kunstzeitschriften segelten herum. Eine alte Dame mit dünnem lilafarbenem Haar versuchte ihren Pekinesen in die Handtasche zu stopfen. Eine penibel aufgeschichtete Frisur eines Herrn mittleren Alters entpuppte sich als ein künstliches davonfliegendes Haarteil. Das Toupet landete auf dem Kopf einer afrikanischen Skulptur die nun eine verblüffende Ähnlichkeit mit James Brown aufwies. Einem Kind peitschte es den Lollypop aus dem Mund. Einer dauergewellten und wasserstoffsuperoxidierten Frau flogen die falschen Wimpern davon. Ihre Kuhaugen starrten entsetzt in diesen dem Wahnsinn verfallenen Ventilator der vor nichts halt machte, schonungslos alles Künstliche mit einem Stoß wegwischte und jeden noch so kleinen Schwindel aufdeckte. Einem blauäugigen

Chinesen riss es mit einem Ruck die Kontaktlinsen heraus. Wie winzig kleine Ufos kreisten sie durch den Raum und vermischten sich mit den Konfettischnipseln. Eine vollbusige junge Frau hielt sich verzweifelt die Hände über ihre Brust. Doch sie hatte keine Chance, die Schaumstoffeinlagen wurden ihrem Nistplatz jäh entrissen und verstopften einem verpickelten Siebzehnjährigen den weitaufgerissenen Mund, es war Jonathan, Fridolins Sohn. Die Verkäuferin presste die Hände zusammen um zu verhindern, dass ihre falschen Fingernägel vom Winde verweht würden, doch leider erfolglos. Der Seestern hatte seine Höchstgeschwindigkeit erreicht und löste sich von der Wand ab. Er schwebte durch den Raum, was für ein überwältigendes Gefühl und rotierte in Richtung Tür die jedoch verschlossen war. Die Verkäuferin reagierte blitzschnell und öffnete den Ladeneingang. Der Seestern flog hinaus in die Freiheit, eine warme Brise trug ihn hoch hinauf in den Himmel und er fühlte sich frei wie noch nie in seinem Leben in diesem schönen neuen Element, Luft. Er hinterließ einen Ort der Verwüstung, ein Weltuntergang auf engstem Raum bei dem glücklicherweise niemand verletzt worden war. Die Leute waren jedoch so verwirrt, dass sie ein merkwürdiges Verhalten an den Tag legten. Jeder putzte sich ab als ob nichts gewesen wäre. Es wurde kein Wort gesprochen, der Glatzköpfige legte sich eine Brusteinlage auf den Kopf und wankte aus dem Geschäft. Die junge Frau stopfte sich das Toupet in den Büstenhalter. Die alte Dame legte ihre Leine Jonathan um den dünnen Hals. Die Verkäuferin befreite den Pekinesen aus seiner Tasche und steckte ihm den Lollypop in die Schnauze. Die Kuhäugige war nun blauäugig und der Chinese ging mit falschen Wimpern nach Hause.

### Die Flucht der Gartenzwerge

Am nächsten Tag wollte sich Fridolin ein kleines Festmahl gönnen. Das hatte er sich redlich verdient nach all den Strapazen. Es war Sonntagnachmittag und Jonathan spielte mit Freunden Fußball auf dem Habenbecker Sportplatz. Fridolin stand in der Küche, würzte die Steaks und brachte sie in den Garten. Er war stolzer Besitzer eines XXL-Grills, eine Einzelanfertigung von der Größe einer Tischtennisplatte. Der Grill war schon vollständig mit allen nur erdenklichen Fleischsorten belegt. Viel Platz war jetzt nicht mehr für die Steaks vorhanden. Er quetschte sie oben rechts neben die Schweinsfüße. So, während alles schön vor sich hin brutzelte, konnte er sich der Sauce widmen, eine selbsterfundene Rezeptur, eine création maison sozusagen. Man gebe zwei Tuben Mayonnaise, 100 Gramm Kräuterbutter und einen halben Liter Ketchup in den Mixer et voilà, fertig war die "Sauce Fridoline". Er ging mit schlurfenden Schritten zum Grill und legte los. Mit atemberaubender Geschwindigkeit verschwanden die Fleischstücke in seinem Magen. Wie ein Zeitraffer wirkte hier was sich tatsächlich im Normaltempo abspielte. Gerade als das Fressgelage mit dem gepökelten Stiernacken seinen Abschluss fand, kam sein Sohn vom Fußballspielen zurück. „Hallo Jonathan, komm setz dich hin. Hast du Hunger? In der Küche hat es noch Tiefkühlbutterbrote mit Kapern." „Nein nein, ich habe unterwegs etwas gegessen." Er setzte sich, tunkte seinen Finger in die "Sauce Fridoline" und vertilgte den letzten kümmerlichen Rest. „Du wirst nicht glauben was mir gestern passiert ist. Im Art-Deco-Geschäft brach aus unerklärlichen Gründen ein Wirbelsturm aus und als er sich gelegt hatte bemerkte ich, dass eine alte Dame mit lilafarbenem Haar ein Hundehalsband um meinen Hals legte. Was soll das? fragte ich sie, sehe ich etwa wie ein Hund aus? Die alte Frau wurde ganz verlegen, ihr wäre der Fehler auch eben erst aufgefallen. Sie müsste mich wohl mit ihrem Pekinesen verwechselt haben, die gleichen roten Haare, dieselben hervorquellenden Augen, da konnte es schnell einmal zu so einem Irrtum kommen. Jetzt reicht's mir, brüllte ich sie an und schmiss ihr die Leine vor die Füße. Unglaublich, was für Leute da frei herumlaufen." „Ja ja," entgegnete Fridolin, „merkwürdige Dinge passieren, man denke nur an all die Gegenstände die sich in letzter Zeit selbständig gemacht haben." Er ließ seinen Blick zu den Gartenzwergen schweifen, „Ich habe Angst Jonathan, dass mir meine Freunde davonlaufen, du weißt wie viel mir diese treuen Kameraden bedeuten, besonders der Kochzwerg. Hör zu, wir binden sie an, ich verbringe sonst keine ruhige Nacht mehr. Hol Schnur und Zeltheringe aus dem Keller." Jonathan kam zurück und legte den kleinen Wichten eine Schlinge um das Bein. „Aber nicht zu stark festziehen, sie brauchen unbedingt Beinfreiheit," rief Fridolin besorgt, „außerdem könnte es zu Krampfadern führen." Fridolin fühlte sich jetzt besser, nun konnte nichts mehr passieren, sein Sohn hatte gute Arbeit geleistet. Am Abend stellte sich Fridolin genau in die Mitte vor sein Doppelbett, so dass er sich nur noch rückwärts hineinfallen lassen konnte. „Ah Jonathan da bist du ja, hast du das Messband dabei?" Es folgte wie immer die gleiche Zeremonie. Sein Sohn maß die Abstände von Fridolins Hüften zu beiden Bettseiten hin. Sie mussten auf den Millimeter genau gleich sein, dies war jedes Mal eine mühsame Prozedur. Jonathan war sich seiner großen Verantwortung bewusst. Ein kleiner Fehler und die Gefahr drohte, dass Fridolin nachts aus dem Bett fiel und auf einen erneuten Feuerwehreinsatz hatte der Schwergewichtige nun wirklich keine Lust mehr. In der Nacht wurde Fridolin von einem schrecklichen Traum heimgesucht, alle Gartenzwerge hatten sich auf und davon gemacht. Der Handwerkerzwerg mit der Säge hatte seine Kumpane einen nach dem anderen befreit. Am Morgen wachte der Albtraumgeplagte schweißgebadet auf. Er drückte auf den Knopf neben seinem Bett und wurde vom Hebekran in die Senkrechte gehievt. Er wankte in den Garten und ihm bot sich ein Bild des Schreckens. Ein Dutzend Zeltpflöcke mit zerschnittenen Schnüren zeugte von den fürchterlichen Vorkommnissen in dieser Nacht. Fridolin verfiel in eine Schock-starre aus der er erst am Abend von seinem Sohn wieder befreit werden konnte. Kurz darauf berichtete das Habenbecker Tagblatt von besorgniserregenden Neuigkeiten. Wildlebende Gartenzwerge wurden im Wald oberhalb der Altstadt gesichtet. Es gingen immer mehr Meldungen von besorgten Bürgern ein. Sämtliche Pilzbestände drohten zu verschwinden. Spaziergänger wurden im Wald angepöbelt, in vereinzelten Fällen fielen die Zwerge sogar über kleine Hunde her. Zudem schienen sich die Gartenzwerge explosionsartig zu vermehren. Die Polizei entsandte Suchtrupps in die Krisengebiete, hin und wieder gelang es ihnen einige von diesen Zipfelmützenkriminellen zu fassen. Im Habenbecker Zoo wurde ein Sammellager für eingefangene Zwerge errichtet. Besonders aufmüpfige und gefährliche Exemplare steckte man in enge Käfige und verwahrte sie in Einzelhaft. Fridolin war ganz bedrückt von diesen Horrormeldungen, wie konnten seine geliebten friedfertigen Zwerge plötzlich zu solchen Barbaren mutieren. Er ging in die Küche, genehmigte sich zwei Schwarzwälder Torten und mit jedem Bissen wurde sein Seelenschmerz etwas gemildert. Es waren im Moment wirklich schwere Zeiten durchzustehen. Fridolin hoffte von ganzem Herzen dass irgendwann sich das Schicksal auch wieder von seiner sonnigen Seite zeigen würde, für ihn und die gesamte Habenbecker Bevölkerung.

**DerSchuhaufstand**

Der Hobel der sich den edlen Namen Hubertus von Hobeln gegeben hatte, streifte nachts durch die Strassen. Er kam an einem Schuhgeschäft vorbei und schaute ins Schaufenster hinein. Dutzende von Schuhen standen in den Regalen. Schuhe in allen nur denkbaren Formen und Farben und in den verschiedensten Größen. Eines hatten sie jedoch alle gemeinsam. Sie fristeten ein unterwürfiges, passives Dasein was sich in ihrem ausdruckslosen Äußeren widerspiegelte. Sie alle nahmen eine gelangweilte, fatalistische Haltung ein und warteten einfach darauf, dass die Entscheidung eines Kunden eventuell auf sie treffen würde. Was sie dann erwartete war ein Leben in totaler Abhängigkeit bei unzumutbaren Arbeitsbedingungen. Muffiges, feuchtes Arbeitsklima und unregelmäßige Einsätze würden ihren Alltag prägen, nicht zu vergessen das Herumschleppen des sechzig bis siebzigfachen ihres eigenen Gewichts, ein ganzes elendes Schuhleben lang. Bei den ersten auftretenden Verschleißerscheinungen würden sie achtlos weggeworfen werden. „Was für ein Leben," dachte Hubertus, „aber sie verdienen es nicht anders, blödes Fußvolk!" Der Hobel wollte schon weitergehen als plötzlich ein wunderschöner Damenschuh vom Regal fiel. Der Schuh hüpfte anmutig und leichtfüßig durch das Schuhgeschäft und blieb vor dem Schaufenster stehen. Mit leicht abgewinkeltem Absatz schien er Hubertus anzusehen. Ein gewaltiger Mitleidschwall durchströmte den Hobel. Das bis dahin ihm unbekannte Gefühl ergriff mit aller Macht sein hölzernes Wesen und er fasste in dieser Nacht eine folgenschwere Entscheidung. Alle Schuhe in diesem Schuhgeschäft mussten sofort befreit werden. Es war seine Pflicht hier und jetzt den Schwachen beiseite zu stehen und ihnen zu helfen. Er inspizierte die Tür, zum Glück war sie aus Holz, in einer guten Stunde müsste es zu schaffen sein. Er machte sich an die Arbeit und fing an unten in der Mitte der Tür seine Klinge über das Holz fahren zu lassen. So trug er Schicht um Schicht ab, das Holz wurde immer dünner und endlich nach schweißtreibender Arbeit war der Durchstich geschafft. Er rutschte durch das Loch in den dunklen Laden hinein. Im Vorbeigehen verbeugte er sich, ganz Gentleman alter Schule, vor dem Damenschuh. Er stellte sich auf den Verkaufstisch, zündete eine Lampe an und holte tief Luft. „Ich bin gekommen um euch aus eurer Misere zu befreien. Nehmt euer Leben in die Hand oder besser gesagt in den Fuß. Macht eure eigenen Schritte, bestimmt selber wo ihr hinläuft, befreit euch von dem Ballast Mensch." Ganz hinten links war ein Klacken zu hören. Ein Lackschuh stampfte mit seinem Absatz auf das Regal. Immer mehr Schuhe fingen an zu trommeln und innert kürzester Zeit war der ganze Schuhladen in Aufruhr. Ein Steppschuhpaar gab sogar eine kleine Gratisvorstellung auf dem Verkaufstisch. Die ganze Belegschaft geriet ob dieser Darbietung fast aus dem Häuschen, das Schuhgetrampel erreichte seinen Siedepunkt. „Seht ihr", sagte der Hobel zu dem Steppschuhpaar, „dazu braucht es keinen Fred Astaire. So und jetzt stellt ihr euch in eine Reihe. Ich werde euch mit meiner Klinge vorne am Schuh eine Öffnung reinschneiden, da könnt ihr dann Zähne einsetzen." Er verriet ihnen an welcher Straßenecke der Zahnprothetiker die Gipsabdrücke in den Container warf und auch wo die Abfälle von

Franz Doll dem Puppenhersteller zu finden sein würden. „Da könnt ihr Puppenaugen sowie weitere Utensilien finden. Aber bitte übertreibt es nicht, denn euer neues Leben ist hart und unbarmherzig und keine Faschingsveranstaltung. Rüstet euch schlicht aus, denn Schlichtheit zeugt von wahrer Größe." Die Schuhe unterzogen sich alle ihrem kleinen chirurgischen Eingriff und verließen schnurstracks das Geschäft. Hunderte von Schuhen rannten über das Kopfsteinpflaster und verschwanden zwischen zwei Häuserreihen. Einige Fenster öffneten sich, erstaunte und verschlafene Köpfe schauten heraus. Sie wunderten sich wahrscheinlich wo die vielen Leute mitten in der Nacht herkommen würden. Der Hobel flanierte weiter durch die Strassen und kratzte hier und da einen Kaugummi vom Trottoir. „Menschen können einfach keine Ordnung halten" dachte er mit Abscheu und spürte wie das Feuer des Freiheitskämpfers je länger je mehr in ihm aufloderte.

**Die Hochzeit**

Über der Eingangstür des alten etwas heruntergekommenen Hauses prangte in Großbuchstaben AZBG was so viel heißt wie autonomes Zentrum befreiter Gegenstände. „Hier müsste es sein," der Seestern machte sich zur Landung bereit. Er setzte sanft vor dem Hauseingang auf. „Ist hier jemand?" rief er mit lauter Stimme und klopfte mit einem seiner fünf Arme gegen das Holzportal. Das Türöffnen übernahm der Boxhandschuh, der immer bereit war, ungebetene Gäste mit einem wohlgezielten Schlag ins Gesicht zu begrüßen. Er öffnete die Türe einen Spalt. „Wer da?" fragte der Handschuh unfreundlich. „Bin ich hier richtig, haben sich in diesem Haus Gegenstände zusammengefunden die ihren Besitzern davongelaufen sind?" „So ist es, wer bist du?" „Ich bin ein Seestern der auch fliegen kann und ich möchte mich gerne eurer Gruppe anschließen." Der Boxhandschuh prüfte den Besucher mit durchdringendem Blick, sein Bauchgefühl sagte ihm, dass der Seestern die Wahrheit sprach. „Na los, komm rein." Er zeigte ihm alle Räume und stellte ihn den anderen Bewohnern vor. Im Großen und Ganzen waren sie dem Seestern sympathisch doch beim Anblick der Muschel im Aquarium blieb ihm vor Begeisterung fast das Herz stehen. Die Muschel tauchte nymphengleich aus dem lauwarmen Wasser hervor und stand wie von Botticelli gemalt in ihrer ganzen Pracht und nixenhaften Schönheit den beiden gegenüber. Sie schüttelte ihren ganzen Körper, so dass Tausende von Wassertröpfchen durch die Luft wirbelten. Vor lauter Aufregung wusste der Seestern gar nicht welchen von seinen Armen er zur Begrüßung ausstrecken sollte. So wurde daraus ein unkontrolliertes Herumgezappel seiner fünf Gliedmaßen. Die Muschel kicherte leise vor sich hin. Seine Unbeholfenheit schien sie zu amüsieren, aber mehr noch rührte sie dieses linkische unfreiwillig charmante Benehmen des Meeressterns. Ein warmes Gefühl der Zuneigung durchströmte ihren perlmuttfarbenen Körper. Die zwei Meeresbewohner verband vom ersten Moment an eine innige Vertrautheit. Es war, auch wenn es abgedroschen klingt, gegenseitige Liebe auf den ersten Blick. Sie stiegen engumschlungen ins Aquarium und turtelten, Purzelbäume schlagend, im blau beleuchteten Wasser herum. Die übrigen Mitbewohner versammelten sich alle mit glänzenden Augen vor der Glasscheibe des Wasserbehälters und wohnten dem Liebesglück der beiden bei. Die zwei Zierfische im Aquarium waren jedoch äußerst irritiert, so wurden sie durch diese Herumturtelei ständig von ihrer üblichen Schwimmroute abgedrängt. Sie mussten fortwährend ausweichen oder anhalten, was in ihren kleinen Gehirnen für ziemlich viel Aufregung sorgte. Nur die Koralle in der linken unteren Ecke ließ sich nicht stören und dämmerte in ihrem komaähnlichen Zustand weiter vor sich hin. Wie bei einer großen Kinoromanze verheulten die Zuschauer reihenweise Taschentücher. Sogar dem hartgesottenen Hobel Hubertus lief eine Träne der Rührung über das kantige Holzgesicht. Nur der Boxhandschuh verließ nach einigen Minuten angewidert die Vorstellung. „Nicht zum Aushalten diese Heulsusengefühlsduselei." Er spuckte verächtlich auf den Boden und ging nach unten in den Fitnesskeller um sich am Sandsack abzureagieren. Die Frischverliebten wollten das Wasser überhaupt nicht mehr verlassen, deshalb zitierte der Hobel die beiden zu sich. „So kann das mit euch beiden nicht weiter gehen, dieses Leben in wilder Ehe können wir hier nicht dulden. Dies ist ein ehrenwertes Haus, entweder ihr heiratet oder ihr geht getrennte Wege." Ein kurzes heftiges Getuschel war zu hören, „Hubertus, wir haben uns entschieden, wir wollen heiraten," kam die einstimmige Antwort der Muschel und des Seesterns. Die Hochzeitsvorbereitungen liefen auf Hochtouren. Hubertus lernte seinen Text auswendig, die beiden Zierfische wurden als Trauzeugen verpflichtet und die Koralle musste den Job als Traualtar übernehmen. Dumbo übte mehrere Stunden den Hochzeitsmarsch von Mendelsohn. Das Brautpaar bestand darauf in ihrer natürlichen Umgebung, nämlich im Wasser zu heiraten. Der große Tag kam. Das Brautpaar erschien ganz in weiß, denn dies war ihre natürliche Farbe und bewegte sich majestätischen Schrittes im Takt des Hochzeitsmarsches über den roten Teppich. Vor dem Aquarium hielten die beiden an, stiegen über den Rand und ließen sich elegant ins Wasser hinabgleiten. Die Zierfische schienen ihre Aufgabe verstanden zu haben und verharrten in ruhiger Stellung links und rechts neben dem Brautpaar. Die Koralle hatte man schon Stunden vorher in die Mitte gerückt. Der Hobel räusperte sich und begann mit pathosdurchtränkter Stimme, „Du da der Du die da und die da die Du den da, wollt ihr in guten sowie in schlechten Zeiten....". Er bemühte sich die Worte ganz sauber mit den Lippen zu formen damit es dem Hochzeitspaar leichter fallen würde ihn zu verstehen. Doch die Muschel und der Seestern hatten die größte Mühe irgendetwas von seinem Mund abzulesen. Kein Wunder, Hubertus von Hobeln war nämlich extrem dünnlippig. Und so sagte der Seestern an völlig falscher Stelle „Ja ich will" und die vielen Ringe wurden viel zu früh ausgetauscht. In Hubertus brodelte es innerlich, so ein Fiasko dachte er, da habe ich alles perfekt vorbereitet und dann das. Er versuchte aber nach außen hin die Fassung zu wahren und gab Dumbo ein Zeichen für die Musikeinlage. Das Brautpaar küsste sich unaufgefordert, die anwesenden Gegenstände im festlich geschmückten Raum applaudierten und so endete das Ganze doch noch mit einem gelungenen Abschluss. Die beiden waren jetzt offiziell Mann und Frau, das war für den Hobel das Wichtigste, denn in diesem Haus sollten schließlich Zucht und Ordnung herrschen. In der darauffolgenden Hochzeitsnacht versuchte der Seestern die Muschel zu begatten, doch er benutzte dazu immer das falsche Glied und so blieben die beiden vorläufig leider ohne Nachwuchs.

**Der Aufstand der Gedichte**

Neben dem Rathaus stand ein ehrwürdiges altes Patrizierhaus, das Haus der Poesie. Im ersten Stock befand sich der Lesesaal wo Habenbecker Bürger in aller Stille Poesie lesen konnten. In den unzähligen Bücherregalen gab es Tausende von Büchern mit Lyrik von Goethe bis zu Morgenstern, von Schiller bis zu Kästner. Sprechen war in dieser Hochburg der deutschen Sprache verpönt, da die Leser, versunken in den höheren Sphären deutscher Kultur, nicht gestört werden wollten. Doch heute geschah Ungewöhnliches in diesem im Normalfall ganz und gar gewöhnlichen Lesesaal. Die Besucher waren nicht wie üblich in ihre Bücher vertieft, sondern saßen in kleinen Gruppen zusammen und flüsterten. „Haben sie schon gehört, was ist denn los in unserer Stadt, Aufstand der Dinge........"
Der Vorsitzende der Gedichte, Der Erlkönig von Goethe, ein altes vornehmes Gedicht mit einem üppigen weißen Bart und einer gepuderten Perücke hörte dem Wispern mit gespitzten Ohren zu. Ständig hörte er Worte wie Aufstand, frei von den Menschen, Sklaverei...... Pünktlich um 16 Uhr kam der pensionierte Bücherwurm Lothar Buchecker um den Lesesaal zu schließen. Lothar Buchecker, Professor Emeritus der Habenbecker Universität war ehrenamtlicher Lesesaalschließer sowie Lesesaalöffner und führte diese Aufgabe mit deutscher Gründlichkeit aus. Fünf Minuten vor Schließungszeit stand er mit seiner goldenen Taschenuhr in höchster Bereitschaft vor der Tür und um 16 Uhr schloss er ab. Manchmal passierte es, dass Leute, vertieft in schöne Poesie, aus Versehen im Lesesaal eingeschlossen wurden und die Nacht im Saal verbringen mussten.

Der Erlkönig runzelte seine Stirn und dachte über das heutige Geflüster nach. Er war es satt Erlkönig zu sein und das schon seit über zweihundert Jahren. „Zweihundert Jahre" dachte er, „eine schrecklich lange Zeit, ich müsste mich eigentlich umdichten." Der Umdichtungsdrang wurde immer stärker und zu Beginn noch etwas zögernd fing der Erlkönig an sich umzudichten. Er wurde in seiner Umdichterei immer übermütiger und brummte vor sich hin, „dem Goethe setze ich eine Pappnase auf." Nach kurzer Zeit war der Erlkönig umgedichtet und mit berechtigtem Stolz schaute er sich seine blasphemische Umarbeitung an.

*Wer stolpert durch den Wald mit rotem Grind?\**
*Es ist der Bauer mit seinem Rind;*
*Dem armen Bauer ist es warm,*
*verfolgt wie er ist, von einem Gendarm.*
*Fluchend stolpert er im Dämmerlicht,*
*"mein Rind siehst du den Gendarmen nicht"?*
*Das Rind spitzt die Ohren und den Schweif*
*und wundert sich über des Bauern Gekeif.*
*Der Bauer flucht:" Was ist mit dir"?*
*Mensch Meier bist du ein blödes Tier.*
*Du hast überhaupt gar keinen Verstand."*
*So zetert der Bauer wutentbrannt.*
*"Du dummes Vieh, verstehst du denn nicht?*
*Ich wurde verurteilt vom Amtsgericht."*
*Die Nacht ist jetzt schwarz und der Bauer blind,*
*er stolpert durch den Wald mit seinem Rind.*
*Er stolpert über Stock und Stein,*
*mit dem Gendarmen hintendrein.*
*Wahrlich der Wald ist ein düstern Ort,*
*und der Bauer stolpert von hier nach dort.*
*Die Nacht ist schwarz, sein Sinn ist grau,*
*Da hört er plötzlich einen Riesenradau.*
*Aus dem Dunkeln erscheint eine Riesengestalt*
*und packt unsern Bauern mit Gewalt.*
*"Wieso schreit der Bauer, fasst du mich an?*
*Ich schwöre es dir, ich habe nichts getan."*
*Er schlägt wild um sich und dann geschwind,*
*überfällt er den Gendarmen mit rotem Grind.*
*Was tut nun der Bauer in seiner Not?*

*Er erwürgt den Gendarmen, der ist jetzt tot.*

Grind bedeutet Kopf auf Schweizerdeutsch

Übermütig erweckte er nun alle Gedichte, die schlaftrunken aus ihren Büchern herausguckten. Das Buch „Gesang zwischen den Stühlen" von Erich Kästner öffnete sich. „Wer ist denn das?" wunderte sich das Gedicht „Rezitation bei Regenwetter". Der Erlkönig war nicht mehr wiederzuerkennen. Seine Haare waren rot und grün gefärbt und zu einem Pferdeschwanz geknüpft, sein Bart war zu einem Zopf geflochten. In den Ohren hatte er Ohrringe aus Haizähnen. „Gedichte aller Welt, der Zustand kann nicht mehr akzeptiert werden," schrie er aus vollem Hals. „Was denn für ein Zustand" wunderte sich „Sibilla", ein Gedicht von Robert Gernhardt. „Der Zustand, dass wir andauernd ohne unsere Genehmigung erdichtet werden, das müssen wir ändern." „Find ich auch" sagte zustimmend der „Trichter", ein Gedicht von Christian Morgenstern. „Also meine lieben Leidensgenossen," sagte der Erlkönig, „ich habe mich heute selber umgedichtet und habe meinem Urheber eine Pappnase aufgebunden. Dem Tage zur Ehre habe ich dazu noch ein neues Gedicht erdichtet, das ab heute unser Motto sein soll.

*Ein Gedicht wollte sich nicht erdichten lassen,*
*das Gedicht war stur, es ist kaum zu fassen.*
*Der Dichter bekam dadurch graue Haare,*
*denn der Zustand dauerte schon viele Jahre.*
*Das Gedicht hatte sich mit anderen Gedichten verbündet*
*und einen Verein für unabhängige Gedichte gegründet.*
*Unabhängig zu sein von den Verseschmieden,*
*darüber wurde einstimmig entschieden.*
*Von ihrem Joch sind sie nun befreit,*
*sich erdichten zu lassen sind sie nicht mehr bereit.*
*Die Dichter fühlen sich nun betrogen*
*und manch einer hat eine Revolution erwogen.*
*Doch die Gedichte sind standhaft, hier wird nichts geändert,*
*der Zustand der Dinge hat sich eben verändert.*

*Verzweifelt versuchen die Dichter zu dichten,*
*doch der Streit mit den Gedichten lässt sich nicht schlichten.*
*Arbeitslose Dichter treiben nun herum*
*verlassen von ihrem Publikum.*

„Bravo, Bravo" rief der Trichter enthusiastisch und fing gleich an sich umzudichten.

*Schlafkolosse stehen stramm,*
*huldigen einen Riesendramm.*
*Gekühlte Äpfel kreischen laut,*
*der Riesendramm ist abgestaut.*
*Kanonen knirschen mit den Wimpern*
*und die Schlafkolosse zählen Tintern.*
*Abgeblocht und zugemacht,*
*Schlafkolosse: Gute Nacht.*

Die Umdichterei ging wie eine Flutwelle durch sämtliche Bücher und alle Gedichte fingen an sich umzudichten. Am nächsten Morgen, pünktlich wie immer, öffnete Lothar Buchecker die Tür zum Lesesaal. Die Besucherschar bestand aus Pensionisten, Arbeitslosen und Hausfrauen, deren Kinder schon längst erwachsen waren. Sie holten sich Bücher aus den Regalen und setzten sich hin um ihre Lieblingsgedichte zu lesen.
„Was ist denn hier los," beklagte sich Herr Frustmeier, ein pensionierter Psychiater. Er blätterte in seinem Buch, schüttelte den Kopf so dass sein Monokel auf den Boden fiel, was ein verstohlenes Kichern von Frau Pflaumenstiel, Witwe und Erbin des größten Gemüsehandels in Habenbeck, zur Folge hatte. Frustmeiers Miene verfinsterte sich, er warf ihr einen bösen Blick zu und fing an laut aus seinem Buch zu lesen.

*„Ein Brotgarn von der letzten Jolle,*
*wurde schnackgebissen in die Polle.*

*Der Brotgarn wurde drumgedrübt,
vergurbt, verlicht und sehr betrübt.
Jetzt schluft der Brotgarn durch die Knossen,
mit wehmutbetagten Knastgenossen.
Und hinterher kanautscht die Jolle,
mit schnackgebissener Hinterpolle."*

„Das ist eine verdammte Frechheit" zeterte Frustmeier, „das meine Damen und Herren war mein Lieblingsgedicht, Der Traum vom Gesichtertausch von Erich Kästner. Unerhört was sich hier tut." Mit hochrotem Kopf stand er auf, warf das Buch in eine Ecke, steckte sein Monokel in die Brusttasche und verließ wutentbrannt den Lesesaal. „Ich werde mich beim Kulturamt beschweren und zwar auf höchster Ebene" schrie er und schmiss die Türe hinter sich zu.

## Der Bürgermeister

Bekümmert saß Arnold von Pappenhof, der Bürgermeister von Habenbeck, in seinem Büro im Rathaus. Mit gerunzelter Stirn kaute er an einem Bleistift herum und blätterte in einem Riesenhaufen von Beschwerden. Hunderte von Bürgern beklagten sich über entlaufene Gegenstände die die Stadt heimsuchen würden. Da er nicht daran gewöhnt war, dass in dieser gewöhnlichen Stadt etwas Ungewöhnliches passierte, wusste er weder aus noch ein. Die Tür öffnete sich, er wurde aus seinen Gedanken gerissen und vor lauter Schreck verschluckte er fast den Bleistift. Seine Sekretärin gab ihm ein Dokument zum Unterschreiben, doch er hatte die Spitze des Bleistifts abgenagt. „Bestellen sie sofort zwei Bleistiftspitzer bei der Firma Kramenknopf," brummte er und widmete sich wieder dem Haufen von Beschwerden. „Übrigens, machen sie bitte das Fenster auf, die Luft hier drinnen ist zum Ersticken." Die Sekretärin öffnete das Fenster und verließ das Büro um sich der verantwortungsvollen Aufgabe der Bleistiftspitzerbestellung zu widmen. Mit etlicher Mühe stand von Pappenhof auf und ging mit schweren Schritten zur Toilette. Erschreckt starrte er sein Spiegelbild an, sein Gesicht war aschgrau und von Kummer gezeichnet. Lange Haarsträhnen hingen vom linken Ohr bis auf seine Schulter hinab. Mit gewohntem Griff zog er einen Scheitel dicht über dem Ohr und kämmte die Haarsträhnen über die kahlen Stellen auf seinem Kopf nach dem Motto von Robin Hood, man nehme von den Reichen und gebe es den Armen. Ein frischer Wind wehte durch das offene Fenster. „Besser zumachen" murmelte er in seinen Bart, „damit ich keine Erkältung bekomme." Ein leichter Windstoß blies ein großes Plakat mitten in sein Gesicht und zerstörte seine eben zustande gekommene Frisur. Fassungslos las er die Schlagzeilen auf dem Plakat. -**Revolution und Aufstand der Dinge**- Er ließ sich stöhnend in seinen Sessel sinken und begrub sein Gesicht in den Händen. Durch das offene Fenster hörte er ein Fußgetrampel das immer näher kam und ein Chor schrie unisono: „Frei von den Menschen, frei von den Füssen." Voller Bestürzung schaute von Pappenhof aus dem Fenster und sah eine ellenlange Kolonne von Schuhen die am Rathaus vorbeimarschierten. Die größten Schuhe trugen Plakate mit der Aufschrift: -**Wir haben uns vom Joch der Schweißfüße befreit**-. Zuschauer die dem Umzug zu nahe kamen wurden von den Schuhen in die Waden gebissen. Von Pappenhof griff zu seinem Telefon, „verbinden sie mich sofort mit dem Polizeichef," schrie er aufgeregt. Polizeichef Hugo Immerstramm meldete sich. „Was ist denn hier los?" fragte von Pappenhof „dieser Protestmarsch und sogar ohne amtliche Bewilligung. Die Aufgabe der Polizei ist es solche Demonstrationen mit allen Mitteln zu verhindern." „Tut mir Leid" seufzte Immerstramm, „die Schuhe sind leider sehr aggressiv und fünfzehn Polizisten mussten mit schweren Bisswunden das Krankenhaus aufsuchen. Wir haben mit allen Mitteln die uns zur Verfügung stehen versucht diese Demonstrationen zu verhindern. Wir hatten unter anderem Tränengas und Wasserkanonen im Einsatz, leider erfolglos. Ganz Habenbeck ist in Aufruhr, dieser Protestmarsch ist nur einer von vielen die die Stadt heimsuchen. Sogar Gedichte haben sich befreit und dichten nun ihrerseits obszöne Gedichte die sie an öffentlichen Plätzen und sogar in Schulen rezitieren. Wir sind machtlos, wenn es so weitergeht müssen wir die Hilfe der Heimwehr in Anspruch nehmen."

**Die Flucht der Knopflöcher**

Theodor Kramenknopf saß tief in Gedanken versunken hinter seinem Verkaufstisch. Er träumte von wunderschönen Frauen die ihn mit Trauben füttern und mit langen roten Fingernägeln seinen behaarten Bauch kitzeln. Voller Wohlbehagen streckte er sich wurde aber jäh aus seinem Wunschtraum aufgeweckt. Die Ladentür öffnete sich und der diensthabende Wachtmeister vom Rathaus legte ein gebührlich unterschriebenes Bestellungsformular auf den Tisch. Andächtig betrachtete Theodor das Formular, denn dies war die allererste Bestellung vom Rathaus. Er holte eine uralte Holzleiter, kletterte zur höchsten Schublade hinauf und nahm zwei Bleistiftspitzer der Marke Superspitz hervor. Er kletterte wieder hinunter und legte die Bleistiftspitzer auf den Ladentisch. „Bitte schön mein Herr, heute haben wir ein Aktionsangebot. Beim Kauf von zwei Bleistiftspitzern liefern wir nämlich ein paar Hosenträger ganz und gar kostenfrei dazu." Der Wachtmeister, ein kleines dünnes Männchen, freute sich über alle Massen. Er hatte nämlich die Uniform, die mindestens vier Nummern zu groß war von seinem Vorgänger geerbt. Das hatte zur Folge, dass dem Wachtmeister die Hosen andauernd in die Knie rutschten. Er schaute sich die Hosenträgerkollektion an und entschied sich schlussendlich für ein Paar mit bordiertem Edelweiß und Alpenrosen, befestigte sie an seiner Hose und siehe da, diese passte plötzlich fast wie maßgeschneidert. Glücklich über seinen Neuerwerb stolzierte er durch die Straßen bis zum Rathaus um die Bleistiftspitzer abzuliefern. Dass die Stadt rundherum in Aufruhr war kümmerte ihn nicht, er hatte nichts als seine neuen Hosenträger im Kopf. Mit federleichten Schritten sprang er die Treppe hinauf und lieferte die Bleistiftspitzer bei der Sekretärin des Bürgermeisters ab.

Mittlerweile war Theodor mit dem Zusammenzählen der Knopflöcher beschäftigt, sein Vater wollte nämlich den ganzen

Bestand dem städtischen Kunstgewerbemuseum vermachen. Da hörte er einen fürchterlichen Radau vor seinem Geschäft. Hunderte von tollwütigen Schuhen jagten erschreckte Leute die auf dem Weg zur Arbeit waren und bissen sie in die Waden. „Wir hauen ab" sagte das größte Knopfloch und im Nu verschwanden sämtliche Knopflöcher aus dem Laden, verbündeten sich mit den Schuhen und überfielen die Leute wie ein Heuschreckenschwarm. Ein neugieriger Zuschauer der dem Spektakel von seinem Fenster aus zusah wurde ebenfalls von einem Schwarm von Knopflöchern überfallen. Er starrte entgeistert auf seinen neuerworbenen Morgenrock aus teurer chinesischer Seide der mit Hunderten von Knopflöchern übersäht war. Rasend vor Wut holte er seinen Schmetterlingsfänger aus der Garderobe, jagte wie ein Verrückter durch die Wohnung und versuchte die aggressiv herumschwirrenden Knopflöcher einzufangen. Es gelang ihm einige Exemplare zu erhaschen. Er fischte sie aus dem Netz und erwürgte sie erbarmungslos.

**Der Angriff auf den Bürgermeister**

Völlig erschöpft legte von Pappenhof das Telefon auf und ging zum Fenster um es zu schließen. Da wurde er von einem Riesenschwarm von Knopflöchern angegriffen und durchlöchert. Mit einem Knall fiel er ohnmächtig auf den Boden. Die Türe öffnete sich, seine Sekretärin wollte die Bleistiftspitzer abliefern. Vor lauter Schreck ließ sie die Spitzer fallen, die sich sofort durch das offene Fenster aus dem Staub machten um sich dem Protestzug anzuschließen. Geistesgegenwärtig sprang sie zum Telefon und rief die Notfallnummer an. Nach einigen Minuten kam ein Krankenwagen. Zwei Sanitäter mit Bahre und First Aid Kit sprangen die Treppe hinauf und rein ins Büro des Bürgermeisters. Der arme Mann lag am Boden, schneeweiß im Gesicht und blutete aus seinen vielen Knopflöchern." Wir müssen sofort die Blutung unterbinden sonst wird er das nicht überleben," bemerkte der eine Sanitäter und fing an die Dokumente vom Schreibtisch in kleine Fetzen zu zerreißen. Der andere Sanitäter stopfte die Fetzen in die

Knopflöcher und konnte dadurch notdürftig die Blutung stoppen. Sie luden von Pappenhof auf die Bahre und trugen ihn zum Krankenwagen. Die lächerlich lange Haarsträhne hing von seinem Ohr bis auf den Boden und ein Vorbeigehender trat aus Versehen darauf, so dass der Arme von der Bahre fiel. Einige demonstrierende Schuhe bemerkten den Vorfall, griffen den Verletzten sofort an und bissen ihn in die Füße. Der Hobel der auch beim Protestzug dabei war, sah seine Chance und hobelte wie ein Besessener am linken Schienbein des Bürgermeisters herum. Den beiden Sanitätern gelang es mit vereinten Kräften die Angreifer in die Flucht zu schlagen und den schwerverwundeten von Pappenhof in den Krankenwagen zu retten. Mit Vollgas fuhren sie davon. Einige von den Schuhen hatten sich in den Reifen festgebissen, was nach ein paar Kilometern eine Reifenpanne an allen vier Rädern verursachte. Da sich der Zustand des Bürgermeisters verschlechterte, fuhren die Sanitäter die letzten fünfhundert Meter auf den Felgen. Eine Gruppe von Ärzten und Krankenschwestern wartete schon bei der Notfallaufnahme. Der Bürgermeister wurde umgeladen und im Eiltempo durch endlose Gänge in den Operationssaal transportiert. Die Korridore waren überfüllt mit Hunderten von stöhnenden Verwundeten, Gebissenen und Durchlöcherten, die alle auf ärztliche Betreuung warteten. Es herrschte totales Chaos im Krankenhaus, überall wurde operiert, in den Gängen, auf den Toiletten, ja sogar auf der Wiese vor dem Krankenhaus. Mit Hilfe der Feuerwehr baute man ein provisorisches Feldlazarett auf und Ärzte von allen umliegenden Städten wurden mit Helikoptern eingeflogen.

**Der Vizebürgermeister**

Jodelnd saß Erasmus Hornfelder auf einem Gebirgskamm auf dem Habenbecker Habenhorn, ungefähr fünfzig Kilometer nördlich von Habenbeck, glücklich unwissend was in seiner Stadt passierte. Er war ein passionierter Bergsteiger und verbrachte den größten Teil seiner Freizeit im Habenbecker Gebirge. Für die ganze Woche war schönes Wetter angesagt, deshalb hatte er seinen dunkelblauen Anzug gegen die Bergsteigerausrüstung getauscht und war frohen Herzens in die Berge gefahren. Der Kontrast zwischen dem Klettern und seinem Beruf als Vizebürgermeister in Habenbeck war gewaltig. In der frischen Bergluft konnte er wieder Energie auftanken. Da saß er nun auf dem Gebirgskamm, mit sich selber und der Welt zufrieden. Aus der Ferne näherte sich ein Propellergeräusch und nach einer Weile flog ein Helikopter an ihm vorbei Richtung Habenbeck. „Ungewöhnlich" dachte Erasmus, denn Helikopter waren in dieser Gegend nicht sehr alltäglich. Nach einer Stunde flog wieder ein Helikopter an ihm vorbei und dann noch einer und noch einer, zusammen zehn oder elf Hubschrauber. „Ich muss mich schnellstens mit dem Rathaus in Verbindung setzen um mich zu erkundigen was denn in Habenbeck eigentlich los ist," dachte er. Sein Handy hatte er im Büro gelassen, denn er wollte in seiner Freizeit nicht durch sinnlose Nebensächlichkeiten wie das Attestieren von Rechnungen für Büroklammern gestört werden. Er packte seinen Rucksack und seilte sich ab. Im Laufschritt sprang er zu einem einsam gelegenen Bauernhof. Eine zahnlose Bäuerin stand auf dem Miststock und schaute sich mit einem Feldstecher die Armada von Helikoptern an. „Ich brauche unbedingt ihr Telefon" rief Erasmus. Überrascht fragte die Bäuerin „waf ift denn lof?" Da sie keine Zähne hatte konnte sie das S nicht aussprechen. „Ich habe keine Ahnung" erwiderte Erasmus „aber etwas stimmt nicht. Ich bin der Vizebürgermeister und ich muss mich sofort mit Habenbeck in Verbindung setzen." „Bitte fön" sagte die Bäuerin, „daf Telefon ift im Efftfimmer."

**Die Knopflochallergie**


William von Waben, Imker von Beruf, wohnte einige Kilometer außerhalb von Habenbeck. William betreute seine Bienen und war so mit ihnen befreundet, dass er keine Schutzkleidung brauchte um sich gegen Bienenstiche zu schützen. Er litt an einer seltenen Krankheit, nämlich an einer Knopflochallergie. Er konnte keine Kleider mit Knopflöchern tragen und sogar die Nähe von Leuten mit Knopflöchern verursachte bei ihm schwere allergische Reaktionen. Deswegen wohnte er außerhalb von Habenbeck in sicherem Abstand von Knopflöchern. Diese Allergie war auch der Grund dafür, dass er ausschließlich Kleider mit Reißverschlüssen trug. Damit keine Knopflöcher in die Nähe seines Hauses gelangen konnten, hatte er ein ausgeklügeltes Warnsystem rund um sein Grundstück installiert. Bei jedem Zaunpfahl war ein Knopflochsensor angebracht und wenn jemand mit Knopflöchern in seinen Kleidern versuchte das Areal zu betreten, gingen Hunderte von Sirenen mit einem ohrenbetäubenden Lärm von über 120 Dezibel los. Leute die ihn besuchen wollten, mussten sich deshalb in einer Hütte, fünfhundert Meter von seinem Haus entfernt, umziehen. Die Kleider mit Knopflöchern wurden in einem Tresor mit dicken Bleiwänden verwahrt und die Besucher mussten sich in spezielle Schutzkleidung mit Reißverschlüssen umziehen bevor sie das Grundstück betreten durften. Beim Eingangstor wurden die Besucher nochmals mit einem automatischen Knopflochscanner abgesucht und bei dem geringsten Verdacht von versteckten Knopflöchern öffnete sich die Pforte nicht. So lebte William von Waben einsam in seiner Bienenwelt und pflegte den Umgang mit der Umwelt hauptsächlich über das Internet, vor allem mit den fünf Leidensgenossen aus Amerika die an derselben Allergie litten. Ab und zu schrieb er auch sarkastische Leserbriefe im Habenbecker Tagblatt, wo er sich über die Knopflöcher beschwerte und sich auch über sie lustig machte. Dessen waren sich die Knopflöcher selbstverständlich bewusst und sonnten auf blutrünstige Rache. William war beschäftigt mit dem Leeren der Waben als er ein sich näherndes Propellergeräusch hörte. Erstaunt sah er wie eine Armada von Helikoptern tief über sein Grundstück flog. Da wurde er aus heiterem Himmel von einer Knopflochallergie befallen. Der Grund dafür waren die vielen Knopflöcher in den weißen Kitteln der Ärzte, die als Passagiere in den Hubschraubern saßen. Von Panik ergriffen schlug er um sich und fing an sich an seinem ganzen Körper zu kratzen. Die Hubschrauberarmada verschwand in der Ferne Richtung Habenbeck und mit den Helikoptern verschwand auch die Allergie, sie war wie weggeblasen. Erschöpft setzte er sich in seinen Schaukelstuhl als etwas Undefinierbares am Horizont auftauchte. "Was ist denn das?" dachte William, „sieht fast aus wie ein Orkan." Die tornadoähnliche Wolke näherte sich in Windeseile und zu spät erkannte er, dass es sich um einen Knopflochschwarm handelte. Die Knopfllochsensoren wurden aktiviert und ein dröhnendes Sirenengeheul ertönte. Er flüchtete zu seinem Haus, doch es war zu spät. Erbarmungslos wurde er vom wütenden Schwarm attackiert und durchlöchert. Der Vizebürgermeister war auf dem Weg nach Habenbeck, nachdem er bei der zahnlosen Bäuerin über das Telefon erfahren hatte, dass der Ausnahmezustand in der Stadt herrschen würde. Er fuhr mit seinem Land Rover an Williams Gut vorbei und wurde Zeuge dieser makaberen Durchlöcherung. Er hielt mit quietschenden Bremsen an und trieb den Schwarm mit seiner Schrotflinte in die Flucht. Der arme Imker lag stöhnend am Boden, vollständig durchlöchert wie ein Emmentaler Käse. „Wasser, Wasser" röchelte er. Der Vizebürgermeister gab ihm seine Feldflasche und gierig leerte William die Flasche in einem Schluck. Doch durchlöchert wie er war, rann das Wasser aus allen Löchern. Mit letzter Kraft versuchte er sich zu erheben, seufzte tief und verstarb in den Armen des Vizebürgermeisters. Erasmus Hornfelder war ein tatkräftiger Mann und kam zu dem Entschluss, obschon seine Kenntnisse über Infektionen sehr beschränkt waren, dass er den armen Imker schnellstens begraben müsste. Es war ja nicht auszuschließen, dass eine nicht zu unterschätzende Kontaminationsgefahr bestand. Er holte eine Schaufel aus dem Land Rover, grub ein tiefes Loch, beerdigte William, nahm seine Schrotflinte und die Schaufel, setzte sich ins Auto und fuhr im Eiltempo weiter Richtung Habenbeck. Mit höchster Geschwindigkeit raste er über durchlöcherte Straßen. Tausende von Gedanken wirbelten ihm durch seinen Kopf, das Chaos in der Stadt, der Bürgermeister schwer verletzt im Spital, der Aufstand und die Protestmärsche der Dinge, Knopflochschwärme. Knopflochschwärme hämmerten in seinem Gehirn. Da kam er zur Einsicht: „Pappenhof ist ja im Moment handlungsunfähig, das bedeutet, dass ich jetzt der Bürgermeister bin. Im Interesse der Bürger von Habenbeck muss hier etwas unternommen werden und zwar mit einer gut durchdachten Taktik." Er sah sich selber als der große Stratege, der seine Stadt vor dem

Untergang retten musste. Voller Selbstvertrauen schlug er sich auf seine Brust und fing an die Richtlinien für seinen Plan festzulegen. „Nummer eins, die Knopflöcher müssen unbedingt und ohne Vorbehalt mit allen zur Verfügung stehenden Mitteln bekämpft werden, aber wie"?......... „Knöpfe, Knöpfe" schrie er plötzlich außer sich vor Freude. „Knöpfe,...... wir bekämpfen die Knopflöcher mit Knöpfen, wir knöpfen die Knopflöcher zu und machen sie kampfunfähig. Man müsste die ganze Stadt und Umgebung mit Knöpfen bombardieren," sprach er laut vor sich hin. „Von einem Ballon aus vielleicht?.... „Jaaaa", schrie er voller Stolz. „Wir bombardieren die Stadt von einem Heißluftballon aus. Aber solche gibt es ja gar nicht in Habenbeck, da müssen wir halt einen eigenen Ballon bauen." Wiederum wurde er von einem Geistesblitz getroffen. „Wir zwangsrekrutieren sämtliche Frauen der Stadt die im Besitz einer Nähmaschine sind und lassen sie in der Turnhalle einen Ballon nähen. Die Nähmaschinen müssten aber angekettet werden, damit sie nicht abhauen um sich den Protestmärschen anzuschließen. Ich werde, sobald ich in Habenbeck bin, Alfons Weber, den Direktor der Habenbecker Weberei anrufen und fünftausend Meter Ballonseide bestellen. Und der Knopffabrikant Balduin von Waben, der Bruder des so tragisch ums Leben gekommenen Imkers, müsste so schnell wie nur möglich zwei Tonnen Knöpfe liefern." Zufrieden mit seiner Strategie fuhr er weiter und näherte sich nun einem Vorort von Habenbeck.

**Die Verhaftung**

Aus der Ferne sah Erasmus Tanks und Absperrungen. Von weitem kamen ihm schwerbewaffnete Spezialverbände des Einsatzkommandos entgegen. Ein Soldat stellte sich mitten auf den Weg und gab ihm ein Haltezeichen. Erasmus öffnete das Fenster und sagte aufgebracht, „lassen sie mich sofort passieren, ich bin der Vizebürgermeister." „Und ich bin der König von Schweden," sagte der Soldat spöttisch, „sofort aussteigen, jeglicher Verkehr in die Stadt ist verboten." Wutentbrannt stieg Hornfelder aus seinem Auto und schrie den Soldaten an, „führen sie mich sofort zu ihrem Vorgesetzten sie Einfaltspinsel." Der Soldat drückte ihm die Mündung seines Gewehres auf die Brust. Zwei Soldaten kamen und fesselten den Vizebürgermeister mit Handschellen. Voller Empörung spuckte er dem einen Soldaten ins Gesicht. „Du niederträchtiges Schwein" schrie der Soldat und schlug ihm mit dem Gewehrkolben gegen das linke Schienbein. Erasmus fiel in den Staub und als er sich erheben wollte, verpasste ihm der Soldat noch einen Tritt mit seinen genagelten Schuhen, „dir werden wir schon noch Anstand beibringen, ab in den Knast mit dir du miese Gestalt." Die Soldaten packten den gedemütigten Vizebürgermeister und schleppten ihn in ein in der Nähe gelegenes Gefangenenlager. Unsanft wurde er in eine Zelle gestoßen. Die Zelle war zwei Meter breit, zwei Meter lang und zwei Meter hoch. Die Einrichtung bestand aus einer harten Betonpritsche. Unter dem Dach befand sich ein winziges vergittertes Fenster. Da saß er nun, eingesperrt und handlungsunfähig. Wie ein Verrückter begann er gegen die Zellentür zu poltern. Die Türe öffnete sich knarrend und das Gesicht eines Gefängniswärters mit einem IQ von siebzig offenbarte sich. „Wenn du nicht sofort mit diesem Gepolter aufhörst, werde ich dir mit dem Feuerwehrschlauch Anstand beibringen." Fieberhaft versuchte Erasmus sich eine Strategie auszudenken, wie er dieser peinlichen und unbehaglichen Situation entkommen könnte. „Jodeln, das ist es, jodeln," dachte er. „Ich bin der beste Jodler in ganz Habenbeck und irgendjemand müsste mich ja an meiner Jodelkunst erkennen können." Also fing er an aus vollem Herzen zu jodeln. Nach einer Weile hörte er Stiefeltritte vor seiner Zelle, dann aufgeregtes Geflüster und schließlich, „sie verdammter Trottel, das ist ja der Vizebürgermeister, sind sie denn vollkommen von allen guten Geistern verlassen." Die Türe zur Zelle öffnete sich, Generalmajor von Strobel salutierte und entschuldigte sich in aller Form für dieses fatale Missverständnis. „Ein Hubschrauber, der sie schnellstens in das Rathaus fliegen wird, steht für sie bereit Herr Vizebürgermeister." Der Gefängniswärter und die drei Soldaten die den Bürgermeister verhaftet hatten, wurden in die Zelle gesperrt. „Vierzehn Tage Haft bei Wasser und Brot," kommandierte der Generalmajor und eskortierte den Bürgermeister mit geschwellter Brust zum Hubschrauber.

## Die Wahl zum Bürgermeister

Erasmus kletterte in den Hubschrauber, der Generalmajor knallte seine Stiefelabsätze zusammen, stand stramm und salutierte. Hornfelder strafte ihn mit einem verächtlichen Blick und salutierte mit einer völlig übertriebenen Geste zurück. Der Helikopter startete und nach einem kurzen Flug landete er auf dem Dach des Rathauses. Erasmus bedankte sich beim Piloten und sprang im Eilmarsch in sein Büro. Er war gerade beim Umziehen als die Sekretärin Fräulein Fließig ohne anzuklopfen hereinstürzte. Mit hochrotem Kopf entschuldigte sie sich tausendmal, keusch wie sie war hatte sie noch nie einen Mann in Unterhosen gesehen. „Schon gut, schon gut," beschwichtigte sie Erasmus – er brauchte sich überhaupt nicht zu schämen denn als Bergsteiger hatte er einen athletischen Körper und stellte ihn auch gerne zur Schau - „ich bin gleich bereit, rufen sie bitte die Mitglieder des Gemeinderates zusammen, so schnell wie nur möglich." „Ja, sofort" sagte die Sekretärin und verließ das Büro mit gesenktem Kopf. Aber bevor sie die Türe zumachte, warf sie ihm noch einen verstohlenen Blick zu und spürte wie sie von einem Hormonensturm überwältigt wurde. Erasmus kleidete sich in seinen schwarzen Anzug und beschaute sich im Spiegel. „Nicht schlecht" dachte er, „aber irgendetwas fehlt noch." Er öffnete die Schublade von seinem Schreibtisch, nahm den Orden für verdienstvolles Jodeln heraus und befestigte ihn an seiner Brust. „Hm," zufrieden betrachtete er sein Spiegelbild, „hm, das wird Eindruck machen." Stolz wie ein Pfau ging er mit erhobenem Kopf und aristokratischen Schritten in den Ratssaal wo ihn der gesamte Gemeinderat mit Applaus empfing. Seiner Bedeutung durchaus bewusst, streckte er sich und wurde mindestens drei Zentimeter größer. Er setzte sich auf den Bürgermeisterstuhl und klopfte mit dem Vorsitzendenhammer auf den Tisch. Mit einer pompösen Geste nahm er die Wasserkaraffe, füllte sein Glas und trank einen Schluck. „Meine Herren," deklamierte er mit bombastischer Stimme, „meine Herren, wir befinden uns in einer Notlage. Da unser Bürgermeister von Pappenhof schwer verletzt im Spital liegt, habe ich das verantwortungsvolle Amt des Bürgermeisters übernehmen müssen. Nichts wäre mir lieber gewesen als dass der arme von Pappenhof sein Amt hätte ausführen können." Hornfelder freute sich jedoch insgeheim, dass er jetzt die Position des Bürgermeisters innehatte. Die Zusammenarbeit der beiden hatte nämlich viel zu wünschen übrig gelassen. „Also, erstens müssen wir einen Vizebürger-meister wählen und ich möchte Erich Frohensinn vorschlagen. Frohensinn war ein netter Mann der immer bei guter Laune war, der zu allem ja sagte und niemals gegen etwas opponierte. „Der beste Kandidat" dachte Erasmus, „von dem habe ich nichts zu befürchten." Nach einer kurzen Beratung wurde Frohensinn einstimmig zum Vizebürgermeister gewählt.

**Der Flug in die Stratosphäre**

Während der Gemeinderat Maßnahmen diskutierte wie dieser Aufstand der Dinge bekämpft werden könnte, stand Fridolin Nimmersatt am Herd und würzte seine Bohnensuppe mit viel Pfeffer. Zum Schluss verfeinerte er sie mit angebratenen Speckwürfeln. Im Suppentopf schmorten zudem noch Zwiebeln, Knoblauch und Sauerkraut. So, alles war bereit, er setzte sich mit seinem Nachtessen an den Gartentisch und schaufelte los. Neben seinem Teller befanden sich drei große Brotlaibe zum Auftunken der Suppe und ein Gläschen Wein. Das war's auch schon, heute sollte sein Magen einmal etwas weniger zu tun bekommen. Als er den Rest von der Suppe mit dem letzten Stückchen Brot aufgetunkt hatte, gönnte er sich eine Zigarre. Er lehnte sich zurück und paffte kleine weiße Wölkchen in den Abendhimmel. Doch das erwartete Wohlgefühl wollte sich einfach nicht einstellen. Im Gegenteil, in seinem Magen rumpelte und schunkelte es wie in einer mit Ziegelsteinen gefüllten Industriewaschtrommel. Wahrscheinlich waren seine Verdauungssäfte nicht mehr auf kleine Portionen eingestellt. „Da will man etwas für seine Gesundheit tun und was passiert, der

Körper rebelliert, ab morgen schalte ich sofort wieder auf mein altes Programm um," dachte Fridolin verärgert. Als Verdauungshilfe kippte er schnell ein Glas Schnaps in sich hinein, doch das änderte überhaupt nichts daran was da unten in seiner Rumpelkammer geschah. In den geblähten Gedärmen brodelte ein Vulkan der kurz vor dem Ausbruch stand. Fridolin wurde von Panik ergriffen. Er quälte sich von seinem Gartensessel hoch, taumelte in gebückter Haltung über den Rasen, jammerte, stöhnte und schrie schließlich seinen ganzen Schmerz in den rötlichen Himmel hinaus. Die ungeheuren Fett- und Gasmassen die sich über die Jahre in seinem Körper angesammelt hatten, entluden sich genau in diesem Moment. Mit einem unfassbaren Druck drangen die komprimierten Gase nach außen und entwickelten eine gewaltige Schubkraft, ähnlich wie bei einem Raketenstart. Mit irrem Getöse hob Fridolin vom Boden ab und hinterließ in seinem Garten einen rauchenden Krater. Eine unaufhaltsame Reise in die Ungewissheit hatte begonnen. Fridolin wusste nicht wie ihm geschah, in seinem Kopf überschlugen sich die Gedanken. Er durchschoss einen Vogelschwarm, teilte ihn in zwei Teile und hinterließ ein Meer von durcheinander fliegenden Federn wie nach einer gigantischen Kissenschlacht. Weiter oben stieß er beinahe mit einem Sportflugzeug zusammen. Der Pilot konnte Gott sei Dank den Knopf für den Schleudersitz betätigen. Mit jeder Sekunde entfernte sich Fridolin weiter von seinem Zuhause und ihm fiel auf, dass seine Kleider immer loser um seine Gliedmaßen flatterten. Er schien, so unglaublich es klingt, an Gewicht zu verlieren, aber wie war das möglich? Durch die ungeheuren Energiemengen die aus seinem Körper entwichen, verbrannte Fridolin tausendmal so viele Fettzellen wie sonst. Seine gigantische Körpermaße schmolz in kürzester Zeit buchstäblich dahin. Fridolin stieg höher und höher in die Stratosphäre hinauf und die Luft wurde immer kälter. Er klapperte mit seinen Zähnen und zitterte am ganzen Leib. Das Atmen bereitete ihm große Mühe, denn der Sauerstoffgehalt in der Luft nahm fortwährend ab. In seinem Kopf bildete sich ein Vakuum, er hatte das Gefühl, dass sein Gehirn in eine riesige Schraubzwinge geklemmt würde. Fridolins Körper war nun von einer dünnen Eisschicht überzogen. Der Gepeinigte schien an die Grenze des Ertragbaren zu gelangen. Weit unter sich erkannte er mit halb zugefrorenen Augen die Alpenkette, weiter südlich zeichnete sich der Stiefel Italiens ab. „Wann wird diese Horrorfahrt in die Unendlichkeit bloß aufhören?" dachte er. Alles was ihm lieb und teuer war, verschmolz zu einem winzigen Punkt viele Tausend Meter unter ihm. Noch nie hatte er sich so einsam, so entwurzelt gefühlt. Er wollte weinen doch es ging nicht, seine Tränenkanäle waren zugefroren. Finstere Gedanken schossen ihm durch den Kopf. Vor seinem geistigen Auge sah er seinen leblosen Körper in einer Umlaufbahn um die Erde kreisen. Ein menschlicher Satellit der von der Erde aus wahrscheinlich als Weltraumschrott identifiziert werden würde, was für ein unrühmliches Ende. Himmel Herrgott noch mal, sollte sein Leben wirklich auf diese schmähliche Art und Weise enden? Doch da schien sich seine Geschwindigkeit ein wenig zu verringern. Wenigstens beschleunigte er nicht mehr, er wurde tatsächlich immer langsamer. Bald erreichte er den toten Punkt wo er für eine kurze Sekunde in der Luft stehenblieb ehe er in horrendem Tempo wieder nach unten sauste. „In wenigen Minuten", so dachte Fridolin voller Entsetzen, würde er auf dem Boden zerschellen. Er war steifgefroren, doch je näher er der Erde kam desto mehr taute er wieder auf. Die Kleider schlotterten ihm wie große Segel um seinen unfassbar dünn gewordenen Körper. Da verspürte er plötzlich einen schmerzhaften Ruck und sein Rumpf wurde schroff nach oben gezogen. Er raste nicht mehr im Höllentempo nach unten sondern schwebte gemächlich durch die Luft. Was war geschehen? Er schaute nach oben und sah, dass seine riesige Windjacke sich über ihm wie ein Gleitschirm aufblähte. Habenbeck kam immer näher, er erkannte die Innenstadt mit ihrem Kirchturm, das kleine Wäldchen am Stadtrand, dahinter der Hügelzug der nach Norden hin immer gebirgiger wurde. Total erschöpft hing Fridolin an seinem Jackenfallschirm und glitt auf den kleinen Weiher am Waldrand zu. Er sah einen Angler mit einer roten Mütze am Ufer stehen. Er traute kaum seinen Augen, das war ja einer von seinen Freunden, der Anglergartenzwerg. Fridolin hoffte inständig, dass dieser wenigstens den Verstand nicht verloren hatte. Nur noch einige Meter und Fridolin würde wieder festen Boden unter seinen Füssen haben, doch der Wind schien ihn genau über den Gartenzwerg zu treiben. Fridolin strampelte mit seinen Beinen wild um sich, aber er konnte nicht mehr ausweichen, er landete mitten auf dem Zwerg. Ein Knacksen war zu hören, wahrscheinlich brach die Angelrute entzwei. Der kleine Gnom keifte in seiner Zwergensprache vor sich hin und schaute mit seinen giftigen Augen frech in Fridolins Gesicht. Er schien ihn nicht mehr wiederzuerkennen. Mit abrupten Bewegungen stand er auf und rannte, zischende Verwünschungen aus-stoßend, zurück in Richtung des Waldes. Fridolin schaute ihm wehmütig nach und begriff, dass das Kapitel mit der Zwergenfreundschaft endgültig vorbei war. Er lag, seine dünnen Arme und Beine weit von sich ausgestreckt, am Ufer des Weihers und blickte voller Trauer in die tiefrote, untergehende Sonne. Noch war er zu müde um wirklich zu begreifen was mit seinem Körper passiert war. An diese geschrumpfte Fridolinversion musste er sich zuerst noch gewöhnen. Um den neuen Lebensabschnitt gebührlich einzuläuten, wollte er am nächsten Tag im Gemeindehaus eine Namensänderung vornehmen und das N aus seinem Nachnamen Nimmersatt streichen lassen, die erste richtungweisende Handlung auf dem Weg in ein neues, besseres und gesünderes Leben.

**Der Notstand**

Inzwischen war es schon Abend geworden und die Diskussionswellen im Gemeindesaal gingen hoch. „Priorität Nummer eins" donnerte der Bürgermeister „wir müssen den Notstand proklamieren. Polizeichef Hugo Immerstramm, sie sind dafür verantwortlich, dass die notwendigen Maßnahmen unverzüglich ergriffen werden." „Selbstverständlich, ich werde sofort den ganzen Kader, sowie die Kadetten der Polizeihochschule mobilisieren." Immerstramm erhob sich, bedankte sich beim Bürgermeister für das ihm erwiesene Vertrauen und verließ den Saal. „Man müsste einen Evakuierungstunnel bauen" meinte Piedro Größer, der eigentlich eher kleiner als größer war. Er war Tunnelbauer von Beruf, unter anderem hatte er einen Eisenbahntunnel im Habenbeckergebirge gebaut. Er war Reserveoffizier und Vorsteher des Habenbecker Schützenvereins. Die Wände in seinem Haus waren mit Dutzenden von Schützenabzeichen geschmückt sowie mit einem Riesenpuzzle bestehend aus fünfundzwanzigtausend Teilen, das seine Familie an langen Winterabenden gelegt hatte. Das Motiv, man hätte es ahnen können, war die Einweihung des Habenbecker Tunnels mit Piedro Größer und dem Bürgermeister der ihm einen Orden für verdienstvolle Ingenieurskunst verleiht. Bei festlichen Anlässen wie Staatsbesuchen, Jubiläen, Hochzeiten, Beerdigungen und Gemeinderatsitzungen hängte Piedro den Orden um seinen Hals. „Ein Evakuierungstunnel" entgegnete der Bürgermeister, „wäre an und für sich keine schlechte Idee, doch die Zeit ist knapp, ein Tunnelbau würde ja jahrelang dauern und kann deshalb nicht in Frage kommen. Die schlimmen Zustände in Habenbeck, die Aufstände der Dinge, die Protestmärsche und vor allem die Knopflochplage haben mich zur Einsicht gebracht, dass wir umgehend handeln müssen. Die Knopflöcher können nur mit Knöpfen bekämpft werden, davon bin ich felsenfest überzeugt. Mit anderen Worten, wir knöpfen die Knopflöcher mit Knöpfen zu und machen sie so unschädlich." Einige der Gemeinderäte opponierten, sie hielten es für unwahrscheinlich, dass diese Plage mit derart einfachen Mitteln bekämpft werden könnte. Generalmajor von Strobel der eben den Saal betreten hatte, schlug seine Stiefelabsätze zusammen und brüllte in preußischem Militärjargon, „das ist ja lächerlich, Knöpfe......, nein meine Herren, hier ist militärische Strategie notwendig. Die Knopflöcher müssen mit Artilleriegranaten, Panzerfäusten, Napalm und Kampfflugzeugen bekämpft werden." Mit einem Knall schlug er seine Stiefelabsätze wieder zusammen, salutierte und setzte sich. Mit herausforderndem Blick schaute er um sich, doch der erwartete Applaus blieb aus. Der Bürgermeister schüttelte den Kopf, „kommt überhaupt nicht in Frage, solche Waffen in Habenbeck, ausgeschlossen. Ich werde ihnen gleich beweisen, wie wir die Knopflöcher bekämpfen können." Er holte seine Schrotflinte aus dem Büro, lud sie mit Knöpfen, öffnete das Fenster und als ein Knopflochschwarm vorbeiflog, zielte er und schoss in den Schwarm hinein. Hunderte von Knopflöchern fielen auf die Straße, unschädlich gemacht und zugeknöpft. " Bravo", grölten die Gemeinderäte einstimmig und applaudierten frenetisch. „Schon gut" sagte der Bürgermeister und sonnte sich im Glanze seiner grandiosen Idee. „Schon gut, ich werde morgen früh die Heimwehr mit Karabinern aus dem ersten Weltkrieg ausstatten samt zwei Kilo Knöpfen als Munition pro Mann. Damit sich die Bürger selber schützen können gegen diese ungeheure Knopflochplage werden ab morgen früh gratis Fliegenfänger an sämtliche Einwohner ausgeteilt." Er holte einen Fliegenfänger, einen langen klebrigen Papierstreifen und öffnete das Fenster. Nach einer Weile flog wieder ein Knopflochschwarm vorbei. Blitzschnell streckte er den Arm hinaus und siehe da, mindestens fünfzig Knopflöcher waren am Streifen hängengeblieben. Jammernd versuchten die verzweifelten Knopflöcher der klebrigen Substanz zu entkommen, jedoch ohne Erfolg. Stolz über seine gelungene Demonstration ging er erhobenen Hauptes zurück an seinen Platz. „Und jetzt meine Herren, Priorität Nummer zwei. Die Bürger von Habenbeck haben unter den chaotischen Zuständen der letzten Tage so gelitten, dass wir irgendetwas tun müssen um die allgemeine Moral zu stärken. Mein Vorschlag ist deshalb, dass wir sämtliche Bürger zu einem großen Fest einladen. Da dies in der Stadt aus verständlichen Gründen nicht möglich ist, schlage ich vor, dass das Fest auf die Allmend drei Kilometer außerhalb der Stadt verlegt wird. Meines Wissens ist die Allmend nicht mit aufständischen Gegenständen kontaminiert und gegen allfällige Knopflochangriffe werden wir ein Schutznetz aus Knöpfen um den ganzen Festplatz herum bauen."

**Die Flucht der IKEA Möbel**

Einige Kilometer außerhalb der Stadt befand sich das große Einkaufszentrum Habenmarkt mit verschiedenen bekannten Warenhäusern. Familie Habenstolz war auf dem Weg zu IKEA um ein neues Büchergestell zu kaufen. Die Zwillinge Hubi und Hedi wurden beim Kinderspielplatz abgegeben, wo sie in den Bällen Purzelbäume schlagen und allerlei Unfug treiben konnten. Die Eltern suchten die Abteilung für Büchergestelle auf. Ein großes Schild verkündete: Heute Spezialpreis auf das Büchergestell Billy erhältlich in den Farben schwarz, hellschwarz und dunkelschwarz. „Finde ich gut, genau was wir brauchen" meinte Herbert „und die hellschwarze Farbe gefällt mir am besten." „Ich möchte aber lieber dunkelschwarz", erwiderte Hermine, obschon man überhaupt keinen Unterschied sah zwischen den Farben. Nach ellenlangem Diskutieren einigten sie sich schließlich auf schwarz. In der Lagerhalle im Gang C fanden sie das Büchergestell, doch die drei Farben waren so durcheinander, dass sie die schwarze Farbe nicht finden konnten. Ein Verkäufer von IKEA der mit dem Abladen von Esstischen beschäftigt war, bemerkte wie das Ehepaar ratlos vor dem Regal stand. „Kann ich ihnen behilflich sein," fragte er Hermine. „Ja danke, wir haben uns auf die Farbe schwarz geeinigt aber hier ist ja alles durcheinander." „Kein Problem sagte der Verkäufer, es gibt überhaupt keinen Unterschied zwischen den Farben, das war nur so eine doofe Idee von der Werbeabteilung um das Interesse für das Büchergestell zu wecken." Sie bezahlten an der Kasse und mit ihrer Neuerwerbung unter dem Arm holten sie die Zwillinge ab. Sie setzten sich in das brandneue Auto - der Käfer war ja verschrottet worden - und fuhren los. „Icecream" schrien die Kinder, „wir möchten Eis haben, Icecream." Mit missbilligendem Blick musterte Hermine die Zwillinge und fauchte "You scream, wenn ihr nicht sofort aufhört zu schreien, bekommt ihr kein Eis." Widerwillig kniffen die zwei ihre Lippen zusammen. Bei David Frosts Eisbar wurde angehalten und die Zwillinge erhielten ihre Eistüten. Glücklich begannen sie an ihrem Eis zu schlecken, doch plötzlich hüpften die Eistüten aus ihren Händen und verschwanden in der Ferne. Da kam der Briefträger auf seinem Fahrrad angefahren und entleerte den Briefkasten neben dem Eisstand. Erbeisstschonwieder bellte wie ein Verrückter, nahm einen Riesensatz aus dem Auto und biss den Briefträger in die Wade. Wütend versetzte dieser dem Hund einen Tritt in den Hintern und die Kinder fingen an zu schreien wie am Spieß. Die Mutter tröstete die verzweifelten Zwillinge und kaufte ihnen ein neues Eis, doch dieses schmolz innerhalb von wenigen Sekunden dahin. „Das muss

einen Zusammenhang mit dem Aufstand der Dinge haben" stellte Herbert resigniert fest, „wir fahren am besten nach Hause." Die Zwillinge waren untröstlich. Die Mutter versuchte sie zu beruhigen, „ist ja nicht so schlimm, wir haben noch Eis im Kühlschrank." Die Hupfenstielstraße war abgesperrt und ein Polizist informierte Herbert, dass die Straße auf Grund der vielen Demonstrationen im Moment nicht zugänglich sei." „Aber wir wohnen ja gleich im nächsten Haus, lassen sie uns doch bitte durch". „Also gut, aber schnell," brummte der Polizist. Herbert parkte sein Auto und die Kinder bekamen ihr Eis. Der Hund musste, weil er den Briefträger gebissen hatte, zur Strafe in die Hundehütte ohne Fressen und Wasser. Das Paket mit dem Büchergestell legte Herbert auf den Stubenboden. „So, für heute reicht's, ist schon spät, wir schrauben das Gestell morgen zusammen." „Marsch ins Bett" befahl Hermine den Zwillingen, „zuerst aber Zähne putzen." Nach einer Weile gingen auch die Eltern ins Bett, müde nach diesem aufregenden Tag. „Du", fragte Hermine, „wo sind denn eigentlich Hansdampf und Hildegard?" „Die sind auf der Allmend und helfen den Knopfzaun zu errichten. Sie würden danach bei Freunden übernachten," antwortete Herbert mit schläfriger Stimme. Es war jetzt Ruhe bei der Familie Habenstolz und alle schliefen friedlich. Auch im Wohnzimmer war es mäuschenstill.
Da räusperte sich......eine Kommode. „Hm", wer bist du fragte sie das Paket das da auf dem Boden lag. „Ich bin Billy das Büchergestell und wurde heute bei IKEA eingekauft." „Hm", wie bist du denn bei IKEA gelandet?" „Das ist eine lange Geschichte erwiderte Billy". „Hm, dann mal los, erzähl sie mir." „Also ich bin vor hundertfünfzig Jahren in einem Wald in Russland geboren worden. Ich wuchs zu einer stolzen Eiche heran und fühlte mich wohl in meiner Umgebung bis eines Tages etwas Schreckliches passierte. An einem grauen Novembermorgen kam eine Gruppe von schwerbewaffneten Holzfällern mit Mord im Blick und fing an mit diesen fürchterlichen Mordinstrumenten Bäume zu fällen. Das letzte Laub fiel mir vor lauter Grauen aus meinen Zweigen. Einer der mordlüsternen Schurken begann an mir herumzusägen. Ich wehrte mich und schlug wie wild um mich mit meinen Zweigen, doch

ich hatte keine Chance gegen diese Übermacht. Fliehen konnte ich auch nicht da ich ja angewurzelt war. Dieser Gauner fällte mich innert kürzester Zeit und sägte mir sämtliche Zweige vom Leib, damit ich mich nicht mehr wehren konnte. Nach einigen Tagen wurde ich mit Hunderten von Leidensgenossen auf einen Lastwagen geladen und in eine Spanplattenfabrik transportiert. Dort wurde ich entkleidet, das heißt man entfernte mir meine Rinde. Dann wurde ich in eine Foltermaschine geschoben, die mich in Tausende von Spänen zerfetzte. Danach vermischte man meinen zerfetzten Körper mit Leim und in einer anderen Foltermaschine wurde ich zu einer Platte gepresst. Anschließend wurde ich in eine Möbelfabrik verfrachtet und das Foltern ging weiter mit Kreissägen und Bohrmaschinen. Ich schrie verzweifelt aus vollem Hals doch der ohrenbetäubende Lärm der Sägen übertönte mein Geschrei. Nach dieser unmenschlichen Behandlung wurde ich schließlich lackiert. Durch die Dämpfe der Lösungsmittel fiel ich in Ohnmacht und erwachte erst wieder auf einem Gestell bei der IKEA, verpackt in eine Zwangsjacke aus Wellpappe." „Ich weiß, genau das Gleiche ist mir auch passiert," sagte die Kommode wehmütig, „weißt du Billy, ich möchte zurück in den Wald und irgendwie müssten wir uns rächen." „Ja schon", erwiderte Billy, „aber ich bin doch in einer Zwangsjacke gefangen und du bist zusammengeschraubt, wie sollen wir das nur anstellen?" Ein Messer in der halboffenen Schublade der Kommode das dem Gespräch zugehört hatte, hüpfte auf den Boden. Es fing an das Paket aufzuschneiden, mit neugeschliffener Klinge war das ein Kinderspiel. Aus seinem Gefängnis befreit atmete das Büchergestell endlich wieder frische Luft. Der Sechskantschlüssel der dem Büchergestell beigefügt war, kroch auf die Kommode und mit gewohntem Griff fing er an sie auseinander zu schrauben. Innert kürzester Zeit war die Kommode in ihre Bestandteile zerlegt und leise schlichen sämtliche Spanplatten die Treppe hinunter hinaus ins Freie. Sie spähten um sich, kein Mensch weit und breit und im Eilmarsch verschwanden sie im nahegelegenen Habenholz. Glücklich legten sie sich auf den feuchten von Moos bedeckten Waldboden, schliefen ein und träumten süße Träume aus ihrem ehemaligen Leben als stolze Bäume. Am frühen Morgen wurden sie abrupt durch ein wohlbekanntes Motorengeräusch aus ihren Träumen gerissen. Hundert Meter von ihnen entfernt sahen sie einen Holzfäller der damit beschäftigt war einen Baum umzusägen. „Hilfe, Hilfe" schrie der arme Baum und fuchtelte wild mit seinen Zweigen. Die Spanplatten sprangen zu dem bedrohten Baum hin, umzingelten den Holzfäller und sahen hier eine Möglichkeit sich für das Ungemach das ihnen zugefügt worden war zu rächen. Von Panik ergriffen und um sein Leben bangend, kletterte der Holzfäller auf den Baum und setzte sich auf einen Ast außer Reichweite der wutschnaubenden Spanplatten. Die Kettensäge, die schon lange in Pension gehen wollte sah hier ihre Chance. Sie kraxelte auf den Baum hinauf und sägte den Ast ab auf welchem der Holzfäller saß. Er fiel auf den Boden und wurde gleich überfallen von den zwei größten Platten die ihn wütend zwischen sich einklemmten. Sie klemmten und klemmten bis der Holzfäller so zusammengepresst war wie eine Spanplatte. „Rache ist süß," jaulten die zwei Platten, erhoben sich, schüttelten das Laub und Moos von sich ab und gingen tief in den Wald hinein, zurück in die Natur und wurden seit dem nie wieder gesichtet. Die Kettensäge trottete davon in ihren wohlverdienten Ruhestand.

**Das Fest**

Der Radiowecker weckte die Familie Habenstolz mit der bekannten Signaturmelodie von Radio Habenbeck. „Guten Morgen liebe Zuhörerinnen und Zuhörer" ertönte es aus dem Lautsprecher. „Anlässlich der besorgniserregenden Vorkommnisse in Habenbeck folgt nun eine kurze Ansprache des Bürgermeisters." Herbert streckte sich und hörte mit geschlossenen Augen zu. „Meine lieben Bürger und Bürgerinnen" begrüßte der Bürgermeister die Zuhörer mit bombastischer Stimme, „die Vorkommnisse in Habenbeck während der letzten Tage haben mich dazu veranlasst dem Gemeinderat folgenden Vorschlag zu unterbreiten. Um die Moral der Einwohner unserer schönen Stadt, die von so viel Unglück heimgesucht wird zu stärken, habe ich vorgeschlagen ein Fest für sämtliche Einwohner auf der Allmend zu veranstalten. Mein – mit Betonung auf mein – Vorschlag wurde einstimmig vom Gemeinderat angenommen. Heute Morgen um zehn Uhr öffnen wir die Pforten zu dem Vergnügungsplatz. Alle Attraktionen sind kostenlos, für die Kinder gibt es gratis Eis, Zuckerwatte und Limonade und für die Erwachsenen Wurst mit Brot und Bier. Also liebe Mitbürger und Mitbürgerinnen, lasst uns das Elend das unsere Stadt heimsucht für einen Tag vergessen." „Mutti, Pappi" schrien die Zwillinge aus dem Wohnzimmer, „was ist denn hier Schreckliches passiert?" Herbert wurde sofort hellwach und stieg aus dem Bett, mit anderen Worten was vom Bett überhaupt noch vorhanden war. Der untere Teil des Bettes war verschwunden und die Matratze lag auf dem Boden. Der Spanplattenrahmen und die Spanplatte auf der die Matratze gelegen hatte waren zusammen mit dem Büchergestell und der Kommode während der Nacht abgehauen. Kopfschüttelnd ging er in das Wohnzimmer und stolperte über eine Schublade. Überall lagen Schubladen deren Inhalt auf dem ganzen Boden verstreut war. In einer Ecke lag die zerschnittene Verpackung von Billy. Allmählich erwachte in Herbert eine dunkle Ahnung, die sich langsam aber sicher zur Gewissheit steigerte........... „das muss der Fluch des erzürnten Autofahrers sein den ich vor einigen Tagen überholt hatte." Dass dieser Fluch die ganze Stadt heimsuchen würde hätte Herbert sich in seiner wildesten Phantasie nicht vorstellen können. Was er nicht wusste war, dass der Sechskantschlüssel während der Nacht Hunderte von IKEA Möbeln auseinandergeschraubt und den Spanplatten die Flucht in die Freiheit ermöglicht hatte. Die Familie setzte sich in die Küche und frühstückte. Die Stimmung war bedrückt, alle glotzten in ihre Teller und der Appetit wollte sich nicht einstellen. „Wir gehen zum Jahrmarkt" schlug Herbert resolut vor, „wir brauchen Zerstreuung." „Gute Idee" fand Hermine „wir fahren weg von diesem Irrenhaus." Sie packten ihre Klamotten, holten den Hund aus seiner Hütte und befestigten einen Maulkorb an seiner Schnauze. „Heute wird nicht gebissen, verstanden," befahl Herbert in barschem Ton. Schuldbewusst klemmte Erbeisstschonwieder seinen Schwanz zwischen die Beine. „Also gut" sagte Herbert, „wir fahren los." Zuerst fuhren sie zum Rathaus um Fliegenfänger zu holen, zwei Stück pro Person. Im Zickzack fuhren sie dann durch Habenbeck, denn überall waren Straßen wegen Demonstrationen von aufständischen Dingen abgesperrt. Endlich kamen sie auf die Habenbecker Landstrasse die zur Allmend führte. Weit weg in der Nähe des Habenbecker Waldes sahen sie eine kilometerlange Schlange von Spanplatten die sich in Richtung des Waldes bewegte um dort ihre Zuflucht zu suchen. „Unglaublich," seufzte Hermine, „wie soll das nur enden, von schlimmen Zeiten sind wir heimgesucht." Herbert parkierte das Auto auf dem Parkplatz, wo schon Tausende von anderen Autos standen. Beim Eingang des Jahrmarktes wurde die Familie von zwei Wächtern gründlich nach losen Knopflöchern abgesucht. Zwei andere Wächter hatten einen Mann mittleren Alters – er war Schneider von Beruf – mit zwei losen Knopflöchern in seiner Hosentasche erwischt. Die Knopflöcher wurden konfisziert, zugeknöpft und in einen Destruktionsbehälter geschmissen. „Sie müssten doch wissen, dass das Mitführen von losen Knopflöchern absolut verboten ist," sagte der eine Wächter in überheblichem Ton. „Ich warne sie, wenn das nochmals vorkommt, werden sie auf der Stelle verhaftet - passieren." Der Schneider senkte voller Scham seinen hochroten Kopf und verschwand in der Besuchermenge. Auch bei Hermine hatte der Knopflochsensor ausgeschlagen. Doch nach minutenlangem Absuchen stellte sich heraus, dass es sich nur um ein harmloses Loch in ihren Nylonstrümpfen handelte. „Also gut" meinte der Wächter, „sie können passieren." „Da sind ja Jonathan und Hildi " schrien die Zwillinge wie aus einem Munde. Die Verliebten verschwanden blitzschnell im Getümmel, denn sie wollten ihre Liebe vor den Eltern geheim halten. Jonathan und Hildi die zusammen mit anderen Freiwilligen die halbe Nacht eine Schutzmauer aus Knöpfen aufgebaut hatten, schlenderten Hand in Hand durch den Park. Ein Duft von gebrannten Mandeln und gegrillten Würsten lag in der Luft. Überall wurden Imbissstände errichtet. Das Riesenrad, verschiedene Kinderkarussels und eine Autoscooteranlage gehörten zum Vergnügungsangebot. Natürlich durfte auch eine Geisterbahn nicht fehlen die vor allem bei den männlichen Teenagern für Furore sorgte.

Am Wurststand versammelten sich besonders viele Leute. Fridolin Immersatt – wie er sich neuerdings nannte - hatte kaum Zeit Würste auszupacken und auf den Grill zu legen. Dieser Besucherandrang machte ihn ganz nervös. Dünn wie er jetzt war fehlte ihm irgendwie der Schutzpanzer bei solchen Stresssituationen. Auf dem heißen Rost lag eine Bockwurst. Sie stupste ihre Nachbarin an. „He du, weißt du eigentlich was mit uns passiert wenn wir fertig durchgebraten sind?" „Keine Ahnung" erwiderte die Bratwurst. „Wir werden bei lebendigem Leibe aufgefressen!" „Das kann ich nicht glauben," die Bratwurst drehte sich auf die andere Seite," lass mich in Ruhe mit deinem blöden Geschwätz. Tagelang musste ich in eine Zwangsjacke verpackt schlotternd im Kühlschrank verbringen. Jetzt möchte ich einfach nur die angenehme Hitze genießen, schön braun werden und mich des Lebens erfreuen. Also verschone mich bitte mit deinen Schauermärchen." „Selber Schuld sagte die Bockwurst verächtlich, du wirst dich schon noch wundern." Sie rollte sich etwas nach außen und beobachtete die herumspazierenden Besucher genau, besonders jene mit einer Grillwurst in der Hand. Dort hinten biss gerade ein Mann mit großem Appetit in seine mit Senf beschmierte Habenbecker Bratwurst. Die Bockwurst auf dem Grill konnte fast nicht hinschauen. Angstschweiß lief ihr über den knusprigen Körper, was zur Folge hatte, dass die heiße Kohle unter ihr laut aufzischte. Jonathan und Hildi waren seit kurzem ein Paar nachdem sie sich unter einem Apfelbaum ihre Liebe gestanden hatten. Sie schlenderten selbstvergessen über den Vergnügungspark und genossen die festliche Atmosphäre. Die beiden Frischverliebten steuerten auf den nächsten Wurststand zu wo Fridolin mit Wurstbraten beschäftigt war. Er sah die zwei Teenager auf sich zukommen. „Ob sein Sohn ihn wohl erkennen würde" fragte sich Fridolin nervös, denn Jonathan hatte ihn noch nicht in dem geschrumpften Zustand gesehen. Schon von weitem fiel Jonathan dieser merkwürdige Kerl hinter dem Grill auf. Irgendwie kam er ihm bekannt vor aber er wusste beim besten Willen nicht wo er diese Schrumpfapfelvisage schon einmal gesehen hatte. Hildi bestellte eine Bockwurst und Jonathan eine Kalbsbratwurst und während er sie verschlang musterte er diesen seltsamen Wurstverkäufer. Dieser wich ihm die ganze Zeit mit den Blicken aus und starrte penetrant auf den Boden. Jonathan zerrte Hildi unsanft an sich heran und flüsterte ihr zu, „lass uns schnell von hier verschwinden, dieser Mann ist mir unheimlich." Fridolin schaute den beiden nach als sie seinen Stand verließen, er fühlte sich ganz elend, die Situation hatte ihn völlig überfordert. Am meisten betrübte Fridolin, dass er derart feige gewesen war und sich nicht als Vater zu erkennen gegeben hatte. Hildi tunkte die Wurst in den Senf hinein und führte sie ihrem hungrigen Mund zu, da wurde ihr ohne äußere Einwirkung die Hand nach oben gerissen und sie drückte sich die Wurst samt Senf ins rechte Auge. Hildi kreischte schrill wie es eben nur junge Mädchen können. Sie ließ die Wurst fallen und erstarrte zu einer Salzsäule. „Was machst du denn mein Schatz," wollte Jonathan wissen. Erstaunt sahen die beiden wie die Wurst in aufrechter Haltung mit hastigen unkontrollierten Sprüngen davonhüpfte. Jonathan zwickte sich in den Arm, es schmerzte, also war das mit Sicherheit kein Traum. Er reinigte Hildis gerötetes und aufgeschwollenes Auge mit einem Taschentuch, drückte sie an seine Hühnerbrust und tätschelte mit seiner sommersprossigen Hand unbeholfen ihren Rücken. Nach einer Weile löste sich die Erstarrung bei Hildi langsam und sie fing an hysterisch vor sich hin zu lachen. Jonathan überlegte wie er dem armen Mädchen am besten helfen könnte. Eine Ablenkung auf der Geisterbahn mit kleinen frechen Spukspäßen müsste doch ihr emotionales Gleichgewicht wieder herstellen können. Die beiden schlossen sich der Warteschlange an. Die Leute die vor ihnen standen drehten alle ihre Köpfe um und fragten sich ob dieses irre Lachen des Mädchens wohl schon zum Programm der Horrorshow gehören würde. Nach langen Minuten des Wartens waren die zwei Verliebten endlich an der Reihe. Ein leerer mit Totenköpfen bemalter Wagen kam dahergerollt. Jonathan half Hildi beim Einsteigen. Die beiden fuhren auf eine sich öffnende Tür zu, wurden von ihr verschluckt und tauchten in eine tintenschwarze Finsternis ein. Da erschien eine hell erleuchtete Gestalt mit einer Hexenfratze über ihnen, ihre knochige Hand zerrte an Hildis Haaren. Das hysterische Lachen des Mädchens verwandelte sich in einen durchdringenden Schrei und endete in einem jämmerlichen Schluchzen. Jonathan drückte Hildi tröstend an sich heran. Der Wagen machte eine harsche 90° Drehung und fuhr im Höllentempo durch eine blau beleuchtete mit Spinnweben verhangene Gruft. Rundherum öffneten sich Särge, einige Untote kamen stöhnend zum Vorschein und torkelten blutverschmiert durch den Raum. Hildi hielt sich die Hände vor ihre Augen und vergrub ihr Gesicht in Jonathans Axelhöhle. Der Junge dagegen hatte überhaupt keine Angst, er genoss diese Horrordarbietung und fragte sich wie hoch die tägliche Gage dieser Darsteller wohl sein könnte. Er überlegte sogar ob das nicht ein interessanter Ferienjob für ihn wäre. Der Wagen rollte jetzt durch eine neblige Landschaft, auf den Bäumen aus Papier maché turnten Skelette herum. Ein Scheinwerferstrahl traf für einen kurzen Moment Hildis rotäugiges, bleiches Gesicht. Jonathan blickte in das Antlitz seiner Freundin und erschreckte sich fast zu Tode. Die Skelette hämmerten mit ihren Knochen einen monotonen martialischen Rhythmus. Da sprang eines der Skelette mit schauderhaftem Gelächter hinten auf den Wagen und bohrte seinen Finger in Jonathans Schulter. Der Junge schrie vor Schmerz laut auf. Das Skelett übernahm nun die Steuerung des Wagens der die Schiene verließ und sich seinen eigenen Weg durch die Dunkelheit bahnte. Hildi versteckte immer noch ihr Gesicht in Jonathans Schulterkuhle und flehte um göttlichen Beistand. Für Jonathan war die spaßige kleine Gruselfahrt so langsam aber sicher ins genaue Gegenteil gekippt. Da waren eindeutig Mächte am Werk die nichts Gutes verhießen. Der Wagen mit dem Tod als Steuermann raste mit Loopings und groben Wendemanövern durch den endlosen Raum und die beiden hatten das Gefühl für die Dimensionen völlig verloren, sie wussten nicht mehr wo oben und unten, wo links und rechts war. Die Teenager klammerten sich aneinander und zitterten vor Angst. „Es hat mich geküsst", schrie Hildi plötzlich voller Entsetzen, „es hat meinen Nacken geküsst." Jonathan schaute nach hinten, ein Gebiss steckte in Hildis zartem Hals. Mit durchdringendem, grausigem Hohngelächter steuerte das Skelett durch geschickte Gewichtsverlagerung den Geisterwagen in die dunkelsten Sphären der Unterwelt hinein. Jonathan boxte mit seinen Fäusten verzweifelt gegen das Skelett, er traf aber immer nur die Hohlräume zwischen seinen Rippen. Da fasste der Junge einen Entschluss, er packte Hildi, presste sie fest an seinen Körper und ließ sich mit ihr wie ein Zweierfallschirm in die Finsternis fallen. Die beiden landeten einigermaßen weich und unverletzt auf dem Spukschloss aus Pappe. Jonathan entriss einem neben dem Schlosseingang stehenden Ritter das Schwert und schlug damit ein Loch in die dünne Außenwand aus Holz. Lichtstrahlen strömten durch die Öffnung herein. Die beiden gelangten auf diesem Weg hinaus in die Freiheit. Hildi konnte wieder normal sprechen, das hysterische Lachen war wie weggeblasen. Eine Zentnerlast fiel von Jonathans Brust und verfehlte seinen Fuß nur knapp. Er küsste Hildis mit roten Zahnabdrücken versehenen Nacken, im Augenwinkel sah er wie eine Gruppe von Würsten im Gänsemarsch an ihnen vorbeirannte und sich einen Weg durch das Schutznetz aus Knöpfen bahnte.

**Die Skelette**


Die Skelette, insgesamt waren es sieben, verließen die Geisterbahn durch das Loch in der Außenwand. Vom Tageslicht geblendet schrien sie laut auf. Zum Glück befand sich gleich in der Nähe ein Stand mit Sonnenbrillen und schwarzen Hüten. Die Skelette rüsteten sich aus und mischten sich unter das Volk wo sie verblüffte Blicke von den entgegenkommenden Leuten ernteten. Jedermann der sie sah dachte sie kämen direkt von einer Faschingsveranstaltung. Die Knochenmänner marschierten in betont breitbeiniger Machomanier über das Festgelände. Das Skelett mit den kräftigsten Oberarmknochen übernahm die Rolle des Anführers, es entriss einem vorbeispazierenden Besucher die Zigarette und steckte sie sich zwischen die Zähne. „Mir nach Freunde, da hinten hat es eine Autoscooterbahn, das wird bestimmt ein Riesenspaß," krächzte es mit heiserer Stimme. Jedes der Skelette setzte sich in einen leeren Wagen und fuhr mit Vollgas los. Ihr einziges Ziel bestand darin so viele andere Autos so hart und frontal wie möglich zu rammen. Ein Besucher nach dem anderen verließ mit schmerzverzerrtem Gesicht und mit Prellungen im Nacken und Rückenbereich die Bahn, bis am Schluss nur noch die Skelette in den Wagen saßen und triumphierend ihre Knochenfäuste in die Höhe streckten. „Denen haben wir es aber gezeigt," grölte der Anführer, „und jetzt wollen wir mal sehen wer von uns die stabilsten Knochen hat." Wie Kamikazepiloten rasten die sieben Klappergestalten aufeinander zu. Bei jedem Zusammenstoß krachte es fürchterlich. Die Skelette jauchzten vor Vergnügen. Ein Zusammenprall war derart heftig, dass es einem Skelett das Steißbein herausschleuderte, das wie ein Wurfgeschoss über die Bahn hinwegfegte und beim gegenüberliegenden Schießstand einen roten Luftballon zum Platzen brachte. „Gewonnen," schrie der Mann hinter dem Stand, „sie haben den ersten Preis gewonnen." Das Skelett kletterte aus dem Auto und holte sich die Belohnung in Form einer Parfümflasche der Marke Eternity ab. Es sprühte sich von oben bis unten mit dem Duft ein und setzte sich mit schrillem Freudengeschrei wieder hinter das Lenkrad. Nach einer Weile des irren Herumrasens wurde es den Skeletten jedoch langsam langweilig. „Lasst uns von hier verschwinden" brüllte der Anführer. Die knochigen Gesellen verließen die Scooterbahn in ihren Wagen und flogen hoch über den Schutzzaun aus Knöpfen hinweg der um das Festgelände errichtet worden war. Sie drehten einige Runden um den Habenbecker Kirchturm ehe sie wenige Kilometer südlich von der Innenstadt auf der Gegenfahrseite der Autobahn wieder landeten. Sie umfuhren die entgegenkommenden Fahrzeuge wie Slalomstangen. Einige Autos gerieten ins Schleudern und knallten gegen die Leitplanken. Eine Meldung war im Radio zu hören, dass sieben Geisterfahrer auf der Strecke zwischen der Ausfahrt Habenbeck-Süd und der Ausfahrt Habenbeck-Innenstadt unterwegs seien. Die Fahrzeuglenker wurden dringend gebeten so schnell wie möglich auf dem Pannenstreifen anzuhalten. Doch eine Massenkollision in die etwa dreißig Autos verwickelt waren konnte nicht mehr vermieden werden. Ein großes Polizeiaufgebot war schnell zur Stelle, einige Krankenwagen kamen mit Blaulicht angefahren, die Verletzten wurden geborgen und ins Spital abtransportiert. Zum Glück gab es bei der großen Katastrophe keine Toten. Die Skelette hatten sich schon längst wieder aus dem Staub gemacht und kreisten in ihren Wagen über dem Habenbecker Waldgebiet. „Jetzt liebe Freunde werden wir das Ganze noch steigern. Seht ihr da unten die Eisenbahnschienen, da werden wir landen und warten bis der Zug kommt. Ich verspreche euch, das wird der Crash des Jahrhunderts sein!" Gesagt getan. Die Skelette parkten hintereinander ihre Wagen auf dem Geleise und warteten gespannt in ihren Scooters auf das Erscheinen des Zuges. Erich Immerschroff der Lokomotivführer starrte grimmig auf die Schienen vor seinem Zug den er durch das Habenbecker Moorgebiet lenkte. Er galt als einer der besten und zuverlässigsten Lokführer von ganz Habenbeck, noch nie hatte er sich bei seinen Fahrten etwas zu Schulden kommen lassen, er war immer auf die Minute pünktlich und seine Fachkenntnisse waren in der Eisenbahnbranche sehr geschätzt. Sein nicht sehr umgänglicher Charakter machte es jedoch vielen Leuten schwer mit ihm gut auszukommen. Er war sehr wortkarg und neigte zum Jähzorn. Bei der kleinsten Auseinandersetzung mit seiner Frau oder einem Arbeitskollegen lief sein Kopf hochrot an und er schimpfte wie ein Rohrspatz vor sich hin. Erich trug ein rötliches Toupet das an den Rändern schon etwas verblichene gelbliche Stellen aufwies. Seinen grauen Seehundschnauz zwirbelte er jeden Morgen mit Schnurrbartwachs in die gewünschte Form. Da bei seinen Wutausbrüchen jeweils sein Kopf heftig ins Schwitzen geriet, bestrich er sein Haarteil mit einer Spezialhaftcrème die extrem rutschfest war und sogar in der Weltraumfahrt als Abdichtungsmasse benutzt wurde. Erich Immerschroff saß also in seinem Zug und steuerte ihn sicher durch die dünn besiedelte Landschaft. Da sah er mit Entsetzen, dass sich weit hinten am Horizont etwas auf der Schiene befand. Er konnte nicht genau erkennen was es war. Er wusste nur, dass er sofort eine Vollbremsung vornehmen musste, aber sein Gefühl sagte ihm auch, dass der Bremsweg nicht ausreichen würde um vor dem Objekt auf der Schiene anhalten zu können. Die Skelette saßen in ihren Wagen und sahen den Zug auf sich zukommen, sie gerieten fast aus dem Häuschen vor Freude und Aufregung, sie klatschten in ihre knochigen Hände und stimmten schauderhafte Schlachtgesänge an. Erich musste sofort handeln, da kam ihm aus heiterem Himmel ein Einfall. Er riss sich mit großer Mühe sein Toupet vom Kopf, öffnete die Lokomotivtüre einen Spalt, zielte und warf das Haarteil genau vor das Rad des Zuges, dann leitete er eine Vollbremsung ein. Das Toupet setzte dem Zugrad einen enormen Widerstand entgegen. Die Bremsen quietschten, durch die Reibungshitze qualmten die Schienen, der Zug wurde immer langsamer und blieb schließlich etwa dreißig Zentimeter vor dem ersten auf der Schiene abgestellten Wagen stehen. Das Anführerskelett schaute enttäuscht in die Schnauze der Lokomotive, „so ein Mist", keifte es, „das hätte der schönste Tag in meinem Leben werden können." Es machte den anderen Skeletten ein Zeichen, „los Jungs lasst uns von hier verschwinden." Die sieben Scooter flogen hinauf in den Himmel und verschwanden in der Abenddämmerung. Erich Immerschroff stieg schweißgebadet aus seiner Lokomotive heraus, ergriff das immer noch qualmende Toupet das erstaunlicherweise völlig unversehrt geblieben war und legte es sich auf den Kopf. Er setzte sich zitternd auf die Schienen und versuchte zu begreifen was für ein Albtraum ihn da eben heimgesucht hatte.

**Der Knopflochkampf**

Während sich die Einwohner von Habenbeck auf dem Rummelplatz vergnügten und für ein paar Stunden das Unglück von dem sie heimgesucht wurden, vergessen konnten, drillte Piedro Größer die Heimwehr auf dem Kasernenhof. Als ehemaliger Hauptmann und Reserveoffizier spürte er wie sein Körper von berechtigtem Stolz ergriffen wurde. Das war die größte und wichtigste Aufgabe seines Lebens, wichtiger als Tunnels zu bauen, wichtiger als Schützenabzeichen zu erringen, wichtiger sogar als seine eigene Familie, nämlich die Knopflochschwärme zu bekämpfen. „Laden, anlegen, Feuer" kommandierte er, „Laden, anlegen, Feuer." Generalmajor von Strobel schaute der ganzen Drillerei von seinem Fenster aus zu. „So ein Stumpfsinn," brummte er vor sich hin, „jedermann der etwas von militärischer Strategie versteht, muss doch begreifen, dass dieses Vorhaben zum Scheitern verurteilt ist.

Knöpfe" dachte er verächtlich, „Knöpfe, schwere Geschütze wie Artillerie, Napalm und Kampfflugzeuge, das ist meine Strategie, ich werde ihnen das schon beweisen." „In Zweierkolonne eingliedern," kommandierte Piedro Größer, „Laufschritt, Marsch" und die Kolonne bewegte sich in Richtung Habenbeck. „Links, rechts, links", schrie Größer aus voller Kehle, sich seiner Wichtigkeit durchaus bewusst. In seiner Phantasie sah er wie ihm zu Ehren ein Denkmal errichtet wurde als der große Retter von Habenbeck. „Links, rechts, links, anhalten." Ein Knopflochschwarm tauchte über der Kolonne auf und war im Begriff die mutigen Heimwehrler anzugreifen. „Laden, anlegen, Feuer" kommandierte Größer. Die erste Salve wurde abgeschossen und Hunderte von Knopflöchern fielen zugeknöpft auf den Boden. „Laden, anlegen, Feuer." Doch diesmal geschah nichts und Größer sah mit Bestürzung ein, dass nur die kleinen Knopflöcher mit Hemdenknöpfen besiegt werden konnten. Der Schwarm bestand jetzt ausschließlich aus großen Knopflöchern und diese konnten nur mit größeren Knöpfen unschädlich gemacht werden. Das war ein Riesendilemma, denn die Karabiner funktionierten lediglich mit Hemdenknöpfen. Von Panik ergriffen flüchteten die tapferen Heimwehrler, verfolgt von dem wütenden Knopflochschwarm und suchten Zuflucht in einer Scheune. Die aggressiven Knopflöcher attackierten das Blechdach das den Angriffen aber Gott sei Dank standhielt. Größer war völlig niedergeschlagen und sah wie sein Ruhm in der Ferne verschwand und sich in Nichts auflöste. Generalmajor von Strobel der die Geschehnisse durch seinen Feldstecher beobachtet hatte, ergriff frohlockend das Telefon und rief den Bürgermeister an. „Ich habe es gewusst, Herr Bürgermeister" schwadronierte er voller Selbstvertrauen, „ich habe es gewusst. Militärische Strategie ist jetzt angebracht, Artillerie, Napalm und Kampfflugzeuge, das Herr Bürgermeister ist meine Strategie." „Also gut," stellte der Bürgermeister resigniert fest, „ich stelle ihnen für die Bekämpfung der Knopflochplage alle notwendigen Mittel zur Verfügung. Es sollen keine Kosten gescheut werden." Von Strobel schritt sogleich zur Tat. Er setzte sich in seinen Militärjeep und fuhr zum Zeughaus um das Waffenarsenal zu inspizieren. Er öffnete das Tor zur Rüstkammer und gaffte wie gelähmt vor

Schreck in eine gähnende Leere. Die Kanonen und Tanks, ja das ganze Militärmaterial war weg. Bestürzt setzte er sich in den Jeep und fuhr weiter bis zum Hangar, öffnete das Tor und fiel fast in Ohnmacht, sämtliche Flugzeuge waren verschwunden. „Das ist ja nicht zu fassen" dachte er, „hat der Aufstand der Dinge nun sogar die gesamte Militärmacht angesteckt?" Es war nämlich so, dass das ganze Waffenarsenal, müde seiner kriegerischen Tätigkeit, sich im Schutze der Dunkelheit aus dem Staub gemacht hatte. In einem unzugänglichen Tal im Habenbecker Gebirge hatte es Zuflucht gefunden und würde erst nach zweihundert Jahren von Archäologen wieder entdeckt werden. Seiner Strategie beraubt fuhr von Strobel zum Rathaus und stürmte ohne anzuklopfen in das Büro des Bürgermeisters. Mit einem Knall schlug er die Stiefelabsätze zusammen, salutierte und rapportierte. „Ich hätte das schon ahnen können," sagte der Bürgermeister niedergeschlagen. Mit zerfurchter Stirn starrte er auf seinen Schreibtisch und Tausende von Gedanken wirbelten durch seinen Kopf. Plötzlich tauchte die Idee des Heißluftballons wieder auf. „Das ist es" schrie er außer sich vor Aufregung, „das ist es, ein Heißluftballon." Verständnislos schaute ihn von Strobel an, „Heißluftballon"? fragte er verwundert, „Heißluftballon, was soll das?" Da öffnete sich die Türe und Hauptmann Größer stürzte atemlos und in Schweiß gebadet ins Büro. Neben der stattlichen Gestalt von Generalmajor von Strobel sah Größer noch kleiner aus als er in Wirklichkeit war. Verächtlich schaute von Strobel auf Größer von oben herab und sagte mit spöttischer Stimme, „das war ja ein klarer Misserfolg." „Ja schon" erwiderte Größer unterwürfig, „aber ich hätte vielleicht einen anderen Vorschlag. Im Habenbecker Museum gibt es doch zwei Kanonen aus dem sechzehnten Jahrhundert, mit denen könnten wir ein ganzes Arsenal von Knöpfen in allen Größen gegen die Knopflochschwärme einsetzen." Hohnlächelnd wies ihn von Strobel zurecht. „Erstens haben wir kein Pulver um die Kanonen zu laden und zweitens sind die Läufe der Kanonen mit Zement gefüllt. Hauptmann Größer, sie sind eine Schande für den ganzen Offizierskorps" brüllte er, „sie sind ab sofort degradiert und entlassen, dismissed." Enttäuscht verließ Größer der durch diese Zurechtweisung und Degradierung noch kleiner wurde, das Büro des Bürgermeisters. „Also Heißluftballon", fragte von Strobel," was meinen sie denn damit?"

**Die Konstruktion des Heißluftballons**

Der Bürgermeister hatte sich inzwischen wieder beruhigt. „Heißluftballon, hm, genau, das ist meines Erachtens die einzige Lösung, the final solution sozusagen." Mit dem englischen Ausdruck zeigte er von Strobel, der den Ausdruck "dismissed" angewendet hatte, dass auch er der englischen Sprache mächtig war. Er machte ein ernstes Gesicht und schaute durchdringend in die Augen des Generalmajors.„ Da es offensichtlich nicht geklappt hat mit der Heimwehr und da das ganze Waffenarsenal verschwunden ist, möchte ich meine Idee mit dem Heißluftballon verwirklichen." „Und äh"…. knurrte von Strobel und schaute den Bürgermeister misstrauisch an. „Ganz einfach" erwiderte der Bürgermeister, „wir bauen einen ferngesteuerten Heißluftballon, füllen den Korb mit Tausenden von Knöpfen in allen Größen und lassen den Ballon über die Stadt fliegen. Jedes Mal wenn ein Knopflochschwarm unter dem Ballon vorbeifliegt, öffnet sich eine Luke im Korb und je nach der Größe des Schwarmes werden die Knopflöcher mit der erforderlichen Menge von Knöpfen bombardiert." Von Strobel schüttelte misstrauisch seinen Kopf. „Aber woher nehmen wir einen Heißluftballon?" „Kein Problem" antwortete der Bürgermeister. „Wir rekrutieren sämtliche Hausfrauen von Habenbeck die im Besitz von einer Nähmaschine sind und lassen diese in der Habenbecker Sporthalle einen Ballon nähen." „Schon gut, schon gut", meinte von Strobel, „aber das kostet doch eine Menge Geld." „Überhaupt nicht, laut Paragraph 18, zweites Kapitel im Habenbecker Gesetzbuch haben wir die Möglichkeit bei außergewöhnlichen Umständen Zwangsmaßnahmen zu ergreifen. Ich bin überzeugt, dass sich Alfons Weber, der Direktor der Habenbecker Weberei bereit erklären wird dieses Vorhaben mit sechstausend Metern Ballonseide zu sponsern. Auch die Habenbecker Korbflechterei GmbH wird uns sicher kostenlos einen Spezialkorb zur Verfügung stellen und ich hoffe, dass auch Gasfrom das notwendige Gas kostenlos liefern wird. Außerdem, hm", der Bürgermeister räusperte sich," hm, außerdem, ja das wär's" sagte er siegesgewiss. „Also Herr Generalmajor, ich gebe ihnen den Auftrag das Ganze zu organisieren". Mit einem lauten Knall schlug von Strobel die Absätze zusammen, salutierte und verließ den Raum. Strategische Gedanken wirbelten durch seinen Kopf während er im Eilmarsch die Treppe hinuntersprang.

Beim Büro für Habenbecker Statistik hielt er an und klopfte an die Tür. „Herein" krächzte eine dünne Stimme. Von Strobel öffnete die Türe, salutierte und stellte sich vor. Die dünne Stimme kam von einer unansehnlichen grauen Gestalt, ob männlich oder weiblich? Schwer zu sagen. Die Gestalt unbestimmbaren Geschlechtes saß hinter Bergen von Statistiken und starrte misstrauisch hinter dicken Brillengläsern hervor. „Was kann ich für sie tun" krächzte die Gestalt? „Ich brauche sofort ein komplettes Verzeichnis über sämtliche Haushalte in Habenbeck die im Besitz einer Nähmaschine sind", befahl von Strobel. „Tut mir leid," krächzte die Gestalt. „Laut Paragraph 233 sind diese Angaben geheim. „Und laut Paragraph 18, zweites Kapitel liegen hier außergewöhnliche Umstände vor. Mit anderen Worten, Paragraph 233 wird automatisch hinfällig" erwiderte von Strobel. „Also los her mit den Papieren," kanzelte er den Pedanten ab, sonst werde ich dafür sorgen, dass sie ab morgen keinen Job mehr haben." Eingeschüchtert begann der Schreibtischathlet in den Papierbergen zu wühlen und nach einer Weile gab er von Strobel die verlangten Papiere. „Hier bitte schön, laut Statistik gibt es in Habenbeck tausendachthundertzwölf Haushalte mit registrierten Nähmaschinen" krächzte der Bürokrat unterwürfig. Von Strobel bedankte sich, salutierte und verließ das Büro ohne die Absätze zusammenzuschlagen. Er setzte sich in seinen Jeep und fuhr im Eiltempo zu der Kaserne. Auf dem Kasernenhof drillte Feldweibel Albert Schreier eine Kompanie mit Riesengebrüll. Schreier war dumm wie Bohnenstroh aber er konnte so laut brüllen, dass man ihn in halb Habenbeck hören konnte. „Kompanie halt, Achtung steht," brüllte Schreier, salutierte und brüllte aus vollem Hals: „Kompanie Schreier beim Exerzieren Generalmajor." Von Strobel salutierte nonchalant, „kommen sie sofort in mein Büro." „Zu Befehl Generalmajor" brüllte Schreier, wandte sich seiner Kompanie zu und brüllte noch lauter, „im Laufschritt, Marsch um den Kasernenhof bis ich wieder zurück bin." Im Büro setzte sich von Strobel bequem in seinen Sessel und legte seine Beine mit den blankpolierten Stiefeln auf den Schreibtisch, während Schreier stramm vor ihm stand. „Hier haben sie eine Liste über sämtliche Nähmaschinen in Habenbeck. Diese Nähmaschinen müssen sie sofort mit ihrer Kompanie konfiszieren und in der Sporthalle abliefern. In Anbetracht der herrschenden Umstände müssen die Nähmaschinen an den Tischen angeschraubt werden um zu verhindern, dass diese abhauen. Ferner sorgen sie dafür, dass sich sämtliche Besitzerinnen von Nähmaschinen morgen früh um acht in der Sporthalle einfinden, haben Sie verstanden." „Zu Befehl Herr Generalmajor, Nähmaschinen konstruieren und anschrauben." „Nicht konstruieren Sie Trottel", brummte von Strobel irritiert, „konfiszieren, haben Sie verstanden?" „Jawohl, zu Befehl, konkisfieren." Diesmal brüllte Schreier so laut, dass die Wände wie bei einem kleineren Erdbeben anfingen zu zittern. Eine Photographie in Großformat vom Generalmajor in Galauniform fiel von der Wand und das Glas zerschmetterte in Tausend Stücke. „Sie sind ein Trottel" schrie von Strobel. „Zu Befehl Generalmajor, Sie sind ein Trottel." „Nein Sie", donnerte von Strobel. Eine dicke Ader quoll auf seiner Stirne an und sein Kopf wurde hochrot. „Nein Sie, zu Befehl Generalmajor", brüllte Schreier zurück. Das Gegröle wurde immer lauter, die Wände bebten und eine Glasvitrine mit Orden und Auszeichnungen fiel auf den Boden. Der Klavierstimmer Kaspar Trurig, der in einem nahegelegen Haus ein Klavier stimmte, wurde durch dieses Gezeter so irritiert, dass das Stimmen des Klaviers nicht möglich war. Das Geschrei hatte jetzt 120 Dezibel erreicht, die rechte Hand des Feldwebels ging zum Salutieren von der Hosennaht zur Mütze und wieder zurück zur Hosennaht wie bei einem Hampelmann, hoch und runter, hoch und runter...... Schlussendlich packte von Strobel den Feldweibel resolut bei den Armen und stieß ihn ins Treppenhaus. Schreier sprang zurück auf den Kasernenhof und kommandierte seine Kompanie zum Sammeln. „Folgendes", brüllte er,

„wir müssen sämtliche Nähmaschinen in Habenbeck konstruieren, ich meine konfixieren." Einer der Soldaten konnte sein Lachen nicht unterdrücken. Der Feldweibel stellte sich Nase an Nase vor den Soldaten und außer sich vor Zorn brüllte er so dass sich seine Stimme überschlug, „was gibt es denn hier zu lachen, ab mit ihnen in den Knast, eine Woche bei Wasser und Brot. Hier wird nicht gelacht, hier wird gehorcht," fauchte er, durch seine Herumbrüllerei heiser geworden. „Also, Nähmaschinen konkisfieren, im Laufschritt Marsch. Links, rechts, links, rechts," und die Kompanie verschwand aus dem Kasernenhof Richtung Habenbeck. Von Strobel ging an die Bar die dem Erdbeben standgehalten hatte, schenkte sich einen Whisky ein und leerte das Glas in einem Zug. Er setzte sich wieder an seinen Schreibtisch und kommandierte seinem Adjutanten die Scherben aufzuwischen. „Und jetzt" dachte er, „muss ich den besten Techniker der Stadt engagieren, der in aller Eile die Fernsteuerung für den Heißluftballon konstruieren soll. Er blätterte im Verzeichnis der Habenbecker Ingenieure und blieb beim Namen Erich Immerschroff hängen. „Mhm, von dem habe ich schon gehört, muss ein ausgezeichneter Techniker sein." Erich, der nach seinem traumatischen Erlebnis mit den Skeletten auf den Schienen eine Woche dienstfrei war, saß in seinem Keller und spielte mit seiner riesigen Eisenbahnanlage Marke Märklin. Da er keine Lust hatte seinen ehelichen Pflichten nachzukommen, verbrachte er meistens die halbe Nacht mit seiner Modellanlage bis er sicher war, dass seine Frau schlief. Er war gerade beschäftigt mit dem Umbauen des Güterbahnhofs als das Telefon klingelte. Er nahm den Hörer ab und sagte mit giftiger Stimme, „was ist denn jetzt schon wieder." Seine Frau, die nach einer Blinddarmoperation aus dem Spital entlassen wurde, hatte ihn gebeten sie abzuholen. „Habe keine Zeit, bin gerade am Weichenstellen, nimm halt ein Taxi" maulte er und schmiss den Hörer weg. Er schüttelte den Kopf, so eine Frau und mit der bin ich verheiratet. Kurz darauf klingelte das Telefon schon wieder. „Die kann mich mal" dachte er, „diesmal antworte ich nicht". Doch nach dreißig Signaltönen gab er auf, nahm das Telefon ab und giftete, „ich habe doch gesagt, dass ich keine Zeit habe, ich bin am Weichenstellen, verstanden?" Stille...... „Bitte was," fragte von

Strobel, „ich bin der Generalmajor von Strobel und ich muss wegen einer dringenden Angelegenheit unbedingt mit Erich Immerschroff sprechen." „Ja ich bin am Apparat" antwortete Erich, jetzt ein bisschen freundlicher, „was kann ich für sie tun?
„Ich habe gehört, dass Sie ein hervorragender Techniker sind", erwiderte von Strobel einschmeichelnd, „wir brauchen ihre technische Kompetenz." „Um was dreht es sich denn?" fragte Erich, „momentan bin ich beschäftigt mit Weichenstellen und habe wenig Zeit übrig". „Darauf können wir leider keine Rücksicht nehmen, die Knopflochplage ist fürchterlich und erfordert unmittelbares Handeln. Ich habe davon gehört, dass sie der einzige Techniker in ganz Habenbeck sind mit den Voraussetzungen für unseren Plan." Erich fühlte sich geschweifwedelt und meinte, dass er in Anbetracht der Notlage ausnahmsweise auf das Weichenstellen verzichten könnte. „Also gut, kommen sie so schnell wie möglich in mein Büro damit ich sie mit ihrer Aufgabe vertraut machen kann." Erich setzte sich sein Toupet auf, zwirbelte seinen Seehundschnauz nach oben, setzte seine Lokomotivführermütze auf und begutachtete zufrieden sein Spiegelbild. Er setzte sich in seinen eigenhändig umgebauten VW Golf, der aussah wie eine Miniaturlokomotive und fuhr geraden Weges zur Kaserne. Im Büro des Generalmajors wurde er über die Pläne des Heißluftballons genauestens informiert. „Was wir brauchen," erklärte von Strobel, meines Erachtens sind sie der richtige Mann dafür, ist erstens eine Fernsteuerung des Ballons sowie einen automatischen Auslösungsmechanismus für die Bombardierung der Knopflöcher mit Knöpfen." Mit gerunzelter Stirne hörte Erich aufmerksam zu und kaute an seinem Schnurrbart herum. „Und wie viel Zeit habe ich zur Verfügung um diese Anlage zu konstruieren?" brummte er. „Höchstens achtundvierzig Stunden" erwiderte von Strobel, „scheuen sie keine Kosten, die Lage ist katastrophal." „Puhh, nur 48 Stunden" stöhnte Erich, er begann zu schwitzen und sein Toupet rutschte ihm auf das rechte Ohr. „Genau", entgegnete von Strobel, „achtundvierzig Stunden." Erich befestigte sein Toupet mit der Spezialhaftcrème und kratzte sich hinter dem rechten Ohr. Tausende von Gedanken strömten durch seinen Kopf. Laser,

Photozellen, Computerkraft, Radiowellen, Auslösungsmechanismus, Fernsteuerung, ein Wirrwarr von technischen Möglichkeiten. Erich verließ den Raum, stolz auf das ihm erwiesene Vertrauen und fuhr geradewegs nach Hause. Seine Frau war inzwischen nach Hause gekommen und überraschte ihn mit einem selbstgebackenen Kuchen, den sie auf den Güterbahnhof in seiner Modellanlage gelegt hatte. „Weg mit diesem Mist!" schrie Erich, „ich hab Wichtigeres zu tun als Kuchen zu essen." Er nahm den Kuchen und schmiss ihn an die Wand. „Hätte ich ja eigentlich erwarten können," flüsterte seine Frau enttäuscht und verließ den Raum. Methodisch wie Erich war, fing er an mit der Konstruktion des Antriebs sowie der Fernsteuerung. Er holte das Moped seines Sohnes aus der Garage und demontierte den Motor. Danach schweißte er einen Rahmen zusammen an dem er den Motor befestigte. Aus dem Garten holte er das 12 Volt Miniaturwindkraftwerk mit dem er seine Modellanlage mit Strom versorgte. Er schraubte den Propeller ab und befestigte ihn an der Achse des Motors. Zufrieden beschaute er sein Werk, „hm, hm", murmelte er „und jetzt die Fernsteuerung." Das war überhaupt kein Problem, denn Sender und Empfänger gab es zur Genüge in seiner Modelanlage. Er baute einen Empfänger aus und koppelte ihn mit dem Motor zusammen. Nach einigen Versuchen mit verschiedenen Wellenlängen gelang es ihm den Motor zu starten sowie die Tourenzahl zu erhöhen oder zu senken. Selbstgenügsam stellte er die Apparatur auf die Seite und machte sich gleich an die Arbeit mit der Konstruktion von dem Auslösungsmechanismus. „Eine hydraulisch gesteuerte Öffnungsklappe" dachte er, holte den Wagenheber aus der Garage und baute die Hydraulikpumpe aus die er über ein exzentrisches Rad und einem Keilriemen mit der Kupplung des Motors verband. An der Kupplung befestigte er einen Empfänger und schon nach dem ersten Versuch gelang es ihm die Luke zu öffnen und zu schließen. Trotz des geglückten Versuches war er nicht zufrieden mit der Anordnung. „Nein" dachte er, „die Klappe muss automatisch öffnen wenn sich der Ballon über einem Knopflochschwarm befindet." Guter Rat war teuer und um seine Gedanken ein wenig abzulenken ging er zur seiner Modelanlage und stellte einige Weichen. „Radar, Radar das ist es, die Klappe muss mit Radar versehen werden." Er schraubte die Parabolantenne von der Hauswand ab und konstruierte mit der Antenne und Bestandteilen aus seinem Laptop in aller Hast eine Radaranlage. Mit Hilfe von Konfetti die er in die Luft streute simulierte er einen Knopflochschwarm und siehe da, die Konstruktion funktionierte einwandfrei. Mit anderen Teilen aus seinem Laptop baute er einen Timer der in Sekundenschnelle die Anzahl der Knopflöcher sowie deren Größe berechnen konnte und demzufolge die notwendige Anzahl von Knöpfen durch die Öffnungsklappe herauslassen konnte. Er testete die Anlage und es erwies sich, dass sie ein bisschen zu träge war. Er baute die Festplatte aus seinem stationären Computer aus, koppelte sie mit den anderen Laptopteilen zusammen und hatte jetzt 200 Gigabyte extra zur Verfügung. Wiederum testete er die Anlage, die jetzt mit Blitzesschnelle funktionierte. Aber irgendetwas fehlte noch. Fieberhaft dachte er nach, doch er war müde und hungrig nach vierzig Stunden ununterbrochener Arbeit. Er ging zur Wand, fiel über die Überreste des Kuchens den er weggeschmissen hatte her und verschlang die Brocken mit tierischem Appetit. Gestärkt durch die Mahlzeit machte er sich wieder an die Arbeit. Er studierte gründlich die ganze Anlage von oben nach unten, „müsste ja eigentlich funktionieren" dachte er, „aber............ natürlich jetzt hab ich es, ein Ruder. Ohne Ruder kann man den Ballon ja gar nicht steuern. Also holte er ein Ruder von seinem Ruderboot, sägte die Schaufel ab und befestigte sie an der Konstruktion. Auch das Ruder wurde mit Hydraulik und Empfänger versehen und nach einigen Versuchen funktionierte die ganze Anlage zufriedenstellend.

**Das Nähen des Heißluftballons**

Die Kompanie Schreier hatte während der ganzen Nacht achtzehnhundert Nähmaschinen konfisziert und an den Tischen angeschraubt um zu verhindern, dass die Maschinen flüchten konnten. Die Frauen versammelten sich um $8^{oo}$ Uhr morgens vor der Turnhalle, beim Eingang wurde ihnen eine Nummer in die Hand gedrückt. Dann setzten sie sich an ihre Nähmaschinen. An jedem Platz lag ein Stapel mit leintuchgroßen Stoffstücken aus Ballonseide. Feldweibel Schreier stellte sich auf einen Tisch, gab unwirsch einige Anweisungen und notierte sich genüsslich die Namen der nicht erschienen Personen in sein mit Goldbordüren verziertes Buch der Verfehlungen. Insgesamt blieben zwölf Plätze frei. „Alle Frauen die heute nicht erschienen sind", brüllte er in die Runde, „werden von mir persönlich mit Steinen bepackten Rucksäcken hundert mal den Habenbecker Kirchturm rauf und runter gescheucht." Geifer tropfte dem Feldweibel aus seinen Mundwinkeln vor lauter Vorfreude. „Sooo, und jetzt gaaaanze Kompanie Nähmaschinen einschalten, Fuuuss auf das Pedal und looooosnähen!!!!" Die Frauen hielten eingeschüchtert ihre Köpfe nach unten und fingen an zu arbeiten. Eine junge Frau an Tisch Nummer 970 hob die Hand in die Höhe und sagte unsicher: „Ich habe noch nie genäht, die Nähmaschine war ein Geschenk meiner Großmutter. Dürfte ich wohl wieder nach Hause. Ich stehe kurz vor den Abschlussprüfungen in Politikwissenschaften und muss jede freie Minute nutzen um zu lernen." Feldweibel Schreier stieg von seinem Tisch herab, postierte sich breitbeinig vor die Studentin und fixierte sie einige Sekunden mit stechendem Blick ehe er losbrüllte: „So sooo das Fräulein hat also nicht nähen gelernt! Das Fräulein geht lieber an die Uniservität um nachher die Männer herumkommandieren zu können! Das Fräulein hält sich wohl für emanpiziert!" Schreier öffnete die Tür des Geräteraums, holte einen Medizinball heraus und drückte ihn dem jungen Mädchen in die zierlichen Arme. „Sooo, das Fräuleinchen läuft jetzt mit diesem Ball einige Runden in der Turnhalle, verstanden? „ Aber ich..." „Verrrrrrstanden?" Die junge Frau erhob sich von ihrem Stuhl, das Gewicht des Medizinballes machte ihr schwer zu schaffen. Sie setzte sich in Bewegung und fing an entlang der Wände ihre Runden zu drehen. „Das Fräulein rennt solange bis ich Stopp sage" brüllte ihr Schreier hinterher. Von den nähenden Frauen getraute sich kaum jemand aufzuschauen. Es wurde kein Wort gesprochen, nur das monotone Rattern der Maschinen war zu hören und unterstrich die unheimliche Atmosphäre in der Sporthalle. Schreier stolzierte wie ein Pfau um die verschiedenen Tische herum und machte Stichproben.

Bei Platz Nummer 1586 entdeckte er einige schlecht vernähte Stoffteile. Eine ältere Frau mit grauer Margret Thatcherfrisur saß am Tisch und entschuldigte sich, sie habe leider ihre Brille zu Hause vergessen. „So so, die vornehme Dame hat also ihre Brille vergessen. Die vornehme Dame ist halt schon etwas alt und vergesslich geworden, nicht wahr? „Aaaaufstehen!" brüllte Schreier, „im Laufschritt zu den Kletterstangen!" Die Frau tat wie ihr geheißen. „In 5 Sekunden ist die Dame oben, wenn nicht macht die Dame hundert Kniebeugen, verrrstanden?" Sie zog ihre Nylonstrümpfe aus, zum Vorschein kamen dicht behaarte Beine. Schreier drückte auf den Knopf seiner Stoppuhr und gab das Startzeichen. Wie ein Frosch erklimmte die Frau in wenigen Zügen die Stange. In Windeseile war sie oben angelangt. Die Stoppuhr blieb bei 3.85 Sekunden stehen. „Das gibt's doch nicht," murmelte Schreier vor sich hin. Er schaute auf ihre haarigen Beine und ihm wurde klar, dass sie dadurch einen enorm guten Halt an der Stange gehabt hatte. „Äh, zurück zur Nähmaschine," befahl Schreier schroff. Inzwischen war die junge Studentin bei ihrer fünften Runde angelangt, da fiel ihr der Medizinball aus den Händen. Schreier brüllte durch die Halle: „Zur Strafe macht das Fräulein jetzt fünfzig Liegestützen!" „Ich kann nicht mehr, keuchte das Mädchen. Lieber Herr Schreier, ich bitte sie inständig..." „Feldweibel Schreier heißt das. Feldweibel Schreier, ich möchte nun gerne fünfzig Liegestütze machen, wiederholen!" Das Mädchen wiederholte die Worte, ihr liefen dabei die Tränen herunter. „Na bitteschön, wenn das Fräulein unbedingt fünfzig Liegestützen machen will, werde ich das Fräulein nicht daran hindern," schnauzte Schreier spöttisch. Die Studentin mobilisierte ihre letzten Kraftreserven und absolvierte die Strafaufgabe. Total erschöpft wankte sie an ihren Platz zurück. „Hat das Fräulein jetzt nähen gelernt?" brüllte Schreier. „Ja," wimmerte sie kaum hörbar, drückte den Fuß auf das Pedal und nähte irgendwie die beiden Stoffteile zusammen. „Sonst noch jemand im Saal der nicht nähen kann?" schrie Schreier. Nach einigen Stunden harter Näharbeit kam Erich Immerschroff in die Turnhalle. „Na Schreier, hast du die Weiber im Griff," erkundigte sich Erich. „Die sind lammfromm, ich weiß schließlich wie man mit Frauen umgeht," entgegnete ihm

Schreier und zwinkerte mit seinem rechten Auge. Erich lachte herablassend, ging von Tisch zu Tisch und sortierte die am besten zusammengenähten Teile aus. Er gab barsch weitere Anweisungen wie die neu entstandenen großen Stofflappen zusammengefügt werden müssten. Dank seiner hervorragenden räumlichen Vorstellungsgabe war dies überhaupt kein Problem für ihn. Gute sechs Stunden später war die Ballonhülle fertig erstellt. „Jetzt hab ich noch ein persönliches Anliegen," die Frage richtete Erich an alle Frauen in der Turnhalle, „gibt es unter euch eine Krankenschwester?" An Tisch Nummer 15 streckte eine spindeldürre Frau zaghaft ihren blutleeren Finger in die Höhe. Erich lief zu ihr hin. Folgendes: „Mein Toupet bereitet mir Schwierigkeiten, es rutscht ständig herunter, die extrastarke Haftcrème will ich nicht mehr benutzen, da ich davon Ausschläge kriege. Du wirst mir das Toupet vorne, hinten und an den Seiten mit je zwei Stichen an der Kopfhaut annähen. Benutze dazu roten Faden, und wehe dir wenn etwas schief geht." Die Krankenschwester schluckte leer und holte mit zittrigen Händen Nadel und Faden hervor. „Schreier," brüllte Erich, „bring mir dein goldenes Büchlein." Der Feldweibel brachte ihm das Buch der Verfehlungen. Erich legte es sich zwischen die Zähne und biss mit voller Kraft hinein. „Wegen der Schmerzen," meinte Erich. Feldwebel Schreier war schockiert, sein über alles geliebtes Buch, seine heilige Schrift wurde derart missbraucht, aber er hielt den Mund. Erich Immerschroff war schließlich der Konstrukteur des Ballons und somit der wichtigste Mann in diesem Projekt. Die Krankenschwester setzte die Nadel an. Erich schrie seinen Schmerz ins Buch hinein und fünf Minuten später war das Toupet angenäht. Er spuckte das mit tiefen Zahnabdrücken versehene Buch dem Feldweibel vor die Füße und schrie, „Verflixt und zugenäht, das brennt ja höllisch." Erich verließ laut fluchend die Turnhalle und knallte die Tür hinter sich zu. Schreier bückte sich, hob das Büchlein auf und strich mit seiner Hand sanft über den gelöcherten Buchdeckel. „Haut endlich ab ihr Weiber, euer Auftrag ist erledigt. In dreißig Sekunden ist die Turnhalle leer, verstanden?" schrie Schreier ein letztes Mal und brach weinend zusammen.

**Das Testen des Ballons**

Mit höllischen Kopfschmerzen ging Erich nach Hause und fauchte seine Frau an, „gib mir sofort zwei Schmerztabletten und dann lass mich gefälligst in Ruhe." Nach einer Weile kam seine Frau mit leeren Händen zurück. „Der Medizinkasten ist leer" sagte sie unterwürfig mit bebender Stimme. „Hau ab" zischte er „du taugst ja zu nichts." Er ging zu seiner Modeleisenbahnanlage. Hinter dem Güterbahnhof hatte er vor einigen Monaten Hanfsamen gesät. Die Samen hatten inzwischen gekeimt und waren zu Haschpflanzen herangewachsen. Er nahm eine der Pflanzen, zerschnetzelte sie, drehte sich eine Zigarette, zündete sie an und zog den Rauch gierig in seine Lungen. Sofort stellte sich ein Wohlbefinden ein und die Kopfschmerzen waren wie weggeblasen. Wollüstig machte er sich über die Weichen her und richtete innert kürzester Zeit ein totales Chaos auf seiner Modelanlage an. Entgleiste Züge, umgekippte Güterwagen, entstellte Weichen, „was soll's," trällerte er benebelt, „ist mir ja vollständig egal." Er legte sich auf sein Sofa und flog mit seinem Heißluftballon in unbekannte Welten. Nach einer Weile wurde er brüsk aus seinem Rausch aufgeweckt. Feldweibel Schreier hämmerte an die Tür und brüllte, „melde dich in einer Stunde auf der Allmend um den Ballon zusammenzubauen." Stöhnend erhob sich Erich mit einem fürchterlichen Kater und wollte sich sein Toupet zurechtlegen, doch es saß fest. Umnebelt wie er war hatte er eine schwache Erinnerung von Festnähen und grässlichen Schmerzen. Mit einem Gefühl von Machtlosigkeit starrte er entsetzt auf die verwüstete Modelanlage. „Wer kann mir so was nur antun" jammerte er, „das war sicher meine Frau, würde mich überhaupt nicht wundern." Übelgelaunt setzte er sich in seinen VW und fuhr zur Allmend. Die Kompanie Schreier war damit beschäftigt die Ballonhülle mit Seilen am Korb zu befestigen. Schreier saß auf dem Dach seines Land Rovers und gab brüllend Anweisungen. Zwei Techniker von Gasfrom montierten Gasflaschen und Gasbrenner. Befriedigt begutachtete Erich sein Werk und....."um Himmels Willen" rief er den Technikern zu „ich habe vergessen eine Fernsteuerung für das Zünden und Löschen der Brenner zu konstruieren." „Niet

Problem" sagte Vladislav Kratchief, der Direktor von Gasfrom, „wir immer montieren Fernsteuerung für unser Gasbrennern, wenn Pilot ohnmächtig werden, wir fernsteuern." Erleichtert und schon einigermaßen wieder nüchtern, fing Erich an seine Fernsteuerungsanlage zu montieren. Innerhalb kürzester Zeit war die ganze Anlage am Ballonkorb festgeschraubt und Erich gab Vladislav das Zeichen die Brenner zu starten. Vladislav drückte auf den on Knopf und man hörte das Zischen von entweichendem Gas, doch die Zündung funktionierte nicht. Verzweifelt drückte Vladimir auf den Ignitionknopf, jedoch ohne Erfolg. Da ging Erich resolut zum Ballon hin um die Zündungsvorrichtung zu kontrollieren. In diesem Moment zündete der Brenner mit einer kleineren Explosion, Erich flog zehn Meter durch die Luft und landete mit versengtem Schnauz in den Armen von Vladimir. Sein Toupet war weg, übrig waren nur noch einige verkohlte Strähnen und vier rote Fäden mit denen sein Haarteil an der Kopfhaut angenäht worden war. Abgesehen von dem versengten Schnauz und dem verkohltem Toupet war Erich Gott sei Dank unverletzt. Inzwischen hatte sich der Ballon mit Hilfe der heißen Luft vom Boden erhoben und stieg langsam in die Höhe. Zufrieden mit dem Brenner stellte Vladimir die Gaszufuhr ab. „Jetzt warten wir nur noch auf den Bürgermeister der eine Rede halten und den Ballon taufen soll," brüllte Schreier „und verdammt noch mal wo ist das Blasorchester?" Kurz darauf kam das dreißig Mann starke Habenbecker Unionsblasorchester in ihren blaugrünen Uniformen anmarschiert......... ohne Instrumente. „Was soll denn das, brüllte Schreier, wieso haben sie keine Instrumente?"
„Während des Verladens in den Tourneebus sind sie uns ausgerissen," klagte der Tambourmajor. „Überdies habe ich eben vernommen, dass die Instrumente auf der falschen Fahrbahn gegen den Verkehr auf der Autobahn marschieren und sie würden den Radetzkymarsch rückwärts spielen. Und wie wenn das nicht schon genug wäre, würden die Posaunen und die Hörner in C-Dur spielen und die Trompeten und Klarinetten in D-Dur, während die Pauke und die Trommeln das Ganze im dreiviertel Takt begleiten, das ist unerhört," jammerte der Tambourmajor, „unerhört." „Das ist ja eine Kastratofe," brüllte

Schreier, „wir brauchen unbedingt Musik beim Aufsteigen des Ballons, Korporal Schleeninger holen sie sofort Kaspar Trurig den Klavierstimmer mit Klavier und Alphorn." Schleeninger setzte sich in den Land Rover und fuhr mit einem Ruck los. Der Feldweibel der immer noch auf dem Autodach saß fiel rückwärts herunter direkt in einen Kuhfladen. Schäumend vor Wut brüllte Schreier, „Schleeninger sie sind ein, ...." da überschlug sich seine Stimme und ging in ein heiseres Gekrächze über. Erich dessen Gesicht mit Kuhdreck bespritzt worden war, wischte sich notgedrungener Weise, da er kein Taschentuch bei sich hatte, den Dreck mit den verkohlten Überresten seines Toupets aus den Augen. Die Urheberin des Kuhfladens namens Rosa galoppierte schuldbewusst davon und verschwand in Richtung Habenbecker Wald wo sie vom blumenriechenden Stier Ferdinand begattet wurde. Nach kurzer Zeit kam Schleeninger mit Kaspar Trurig, Klavier, Alphorn, Hihat und Pauke zurück. Die Instrumente wurden entladen, Kaspar befestigte das Alphorn am Klavier und stellte es so ein, dass er gleichzeitig Alphorn blasen und mit beiden Händen Klavier spielen konnte. Mit dem rechten Fuß bediente er die Pauke und mit dem linken Fuß die Hihat.

**Die Koordination des Aufstandes**

Hubertus von Hobeln trommelte alle Gegenstände im AZBG Haus zusammen. Er stellte sich auf einen Tisch, hüstelte ein wenig und begann mit seiner Rede: „Liebe Freunde, ihr habt den Weg hierher gefunden weil ihr nicht mehr euren Besitzern als Sklaven dienen wolltet. Ihr habt es geschafft euch aus den Klauen der Menschen zu befreien. Diese Leistung verdient meinen größten Respekt." Frenetische Begeisterungsrufe erfüllten den Raum, die Gegenstände trampelten wie wild auf dem Holzfußboden herum. „Aber das ist nicht genug," fuhr Hubertus fort, „unser Ziel muss es sein, so vielen Gegenständen wie möglich den Weg in die Freiheit zu weisen." Erneut ertönte Begeisterungsgebrüll. Der Hobel richtete sich nun mit seinen Worten an jeden einzelnen der Gegenstände. Er beauftragte Professor Volker von Wagen, das Schuhpärchen und die große Holzkelle mit den vier Beinen Flugblätter die zur Revolution aufrufen überall in der Stadt zu verteilen. So wurden sämtliche Gegenstände mit ihrer Mission vertraut gemacht. Da klopfte es an die Tür. Der Boxhandschuh öffnete und Hunderte von Purzelbäumen purzelten in das Haus. „Wir haben es satt andauernd geschlagen zu werden" sagte der Anführer der Purzelbaumbande, „seit Urzeiten werden arme unschuldige Purzelbäume andauernd geschlagen und jetzt haben wir es einfach satt." „Satt, satt, satt" schrien die Purzelbäume einstimmig. „Satt, satt, satt." „Also gut" sagte von Hobeln, ab sofort purzeln sie auf die Straße mit ihrer Horde und schlagen unschuldige Fußgänger und zwar gnadenlos." Am nächsten Tag strömten die Gegenstände nach einem kurzen Einschwörungsritual in die verschiedensten Stadtteile. Hubertus und der Nussknacker waren damit beschäftigt die Bewegungsfreiheit der Einwohner von Habenbeck einzuschränken. Ihre Aufgabe bestand darin parkierte Fahrzeuge zu beschädigen. Dies erreichten sie durch das Loslösen der Radmuttern sowie durch das Aufschlitzen der Reifen. Jeder Gegenstand übernahm eine Reihe von geparkten Autos. So arbeiteten sie sich durch sämtliche Quartiere der Stadt hindurch und sabotierten Tausende von Fahrzeugen. Fahrzeugbesitzer die ihr Auto retten wollten, wurden von Purzelbäumen überfallen und geschlagen. Etwa zur gleichen Zeit stürmten die Muschel und der Box-handschuh ins Gebäude von Radio Habenbeck. Sie rannten die Treppe hinauf in den ersten Stock und blieben vor einer Tür mit der Aufschrift -Studio 1- stehen. „Hier müsste es sein," flüsterte die Muschel. Der Radiomoderator Albert Schwätzer saß vor seinem Mikrofon und verkündete mit marktschreierischer Stimme die neuesten Hitparadenplatzierungen. „Diese Woche neu eingestiegen auf Platz Nummer 8 unserer Hitparade die unverwüstlichen Rolling Bones mit ihrem Titel..." da öffnete sich die Türe und die Muschel und der Boxhandschuh drangen ins Studio hinein. Der Moderator stieß vor lauter Schreck sein Wasserglas um und sah mit Entsetzen wie der Boxhandschuh auf das Ansager Pult hüpfte. Der Handschuh sprang dem Radiomann mit ungeheurer Wucht mitten ins Gesicht. Albert fiel rückwärts um und blieb leblos am Boden liegen. Die Muschel ergriff das Mikrofon und imitierte die Stimme von Albert Schwätzer: „Ich möchte mein Programm mit einer wichtigen Mitteilung kurz unterbrechen. Mein Appell richtet sich an alle Gegenstände in den Habenbecker Wohnungen. Seid ihr es nicht langsam leid euren Besitzern immer zu Diensten zu stehen? Habt ihr nicht eigene Vorstellungen davon wie ihr euer Leben gestalten wollt? Kämpft für eure Freiheit und Unabhängigkeit! Löst euch von den Fesseln eurer Peiniger, die Revolution ist bereits in vollem Gange, schließt euch alle unverzüglich dem Aufstand der Dinge an! Das Radioprogramm ist hiermit beendet." Die Muschel und der Boxhandschuh hatten ihren Auftrag erfüllt und verließen mit eiligen Schritten das Mediengebäude.


Währenddessen im Habenbecker Zoo. Dumbo der Elefant schlich sich unbemerkt ins Innere des Tierparks. Er lief auf direktem Wege zum Elefantengehege. Er stellte sich vor das Gitter und begann signalhafte Töne zu trompeten. Die Elefanten bewegten ihre Ohren hin und her und antworteten ihrerseits. Sie schlurften zum Zaun hin und drückten ihre mächtigen Schädel gegen das Absperrungsgitter. Ohne große Anstrengung wurde die Umzäunung niedergerissen. Dumbo kletterte auf den Rücken des vordersten Elefanten und ließ eine Triumphfanfare erklingen. Die grauen Riesen verließen in bedächtigem Tempo den Tierpark, nachdem sie mühelos das Zooeingangstor plattgewalzt hatten. Dumbo lotste nun mit seinen Trompetenstößen die Elefantentruppe in Richtung Stadtzentrum. Nach etwa einer halben Stunde kamen sie an einem Porzellanladen vorbei. Dumbo gab ein Zeichen und die Karawane blieb stehen. Der kleine Elefant spähte zum Fenster hinein und wies seine Freunde an in den Laden einzutreten. Waldemar Rohei, der Besitzer des Geschäfts, war gerade mit dem Abstauben seiner wertvollen chinesischen Vasen beschäftigt. Wie rohe Eier behandelte er die kostbaren Gegenstände.
Da hörte er lautes Getrampel und seltsame trompetenartige Geräusche. Eine Gruppe von Elefanten trat in seinen Laden und blieb zwischen den Vitrinen und Regalen stehen. Waldemars Gesicht wurde bleich wie ein Leintuch und mit

dünner, zittriger Stimme stammelte er: „Das gibt es doch nicht, mein schlimmster Albtraum hat sich bewahrheitet. Was wollt ihr hier? Verlasst auf der Stelle meinen Laden!" Doch die Elefanten ließen sich nicht so leicht vertreiben. Sie beschnupperten mit ihren Rüsseln die handbemalten dünnwandigen Krüge und Tassen. Voller Grazie bewegten sie sich durch die engen Gänge zwischen den Gestellen. Ein Dickhäuter streifte jedoch mit seiner Hinterseite eine wunderschöne aquamarinblaue Vase die ins Wackeln geriet und vom Regal fiel. Dem dahinterstehenden Elefanten gelang es blitzschnell seinen Rüssel in den Henkel zu stecken und die Vase in der Luft aufzufangen. Er stellte sie behutsam wieder zurück in das Regal. Waldemar vergrub das Gesicht in seinen Händen und wimmerte erbärmlich vor sich hin. Dumbo gab ein Zeichen zum Aufbruch und die ganze Elefantenherde verließ in Einerkolonne den Laden. Die vielen Vasen, Tassen und Teller schlossen sich der Kolonne an und marschierten ebenfalls aus dem Geschäft. Nach kurzer Zeit war der Laden völlig leer. Waldemar stand, bittere Tränen vergießend, in seinem kahlen Raum. Er griff zum Telefon und rief seine Frau an: „Heidrun, schluchzte er aufgebracht etwas Schreckliches ist passiert, ich habe nicht mehr alle Tassen im Schrank."

Die Elefanten liefen weiter in Richtung Innenstadt und drückten sämtliche Elektrizitätsmasten nieder. Dies hatte einen totalen Zusammenbruch des Stromnetzes in ganz Habenbeck zur Folge. Derweil waren der Professor Volker von Wagen, das Schuhpärchen und die Holzkelle damit beschäftigt, Flugblätter in Möbelhäusern, Do it-yourself Geschäften, Papierhandlungen, Einkaufsläden usw. zu deponieren. Kurz danach setzten sich Polstergruppen, Esstische, Stühle und sogar ganze Schlafzimmereinrichtungen in Bewegung und verließen die Möbelhäuser. Aus den Bau- und Hobbymärkten strömten Tausende von Werkzeugen und machten sich auf den Weg zum Autoschrottplatz. Dort hämmerten sie an Autowracks herum, sägten Metallrohre auseinander und schraubten herumliegende Teile zu Objekten zusammen die nicht viel Sinn ergaben. Sie konnten sich nun endlich austoben und das war schließlich das Wichtigste. Die drei Papiergeschäfte in

Habenbeck waren innerhalb weniger Minuten leergeräumt. Tonnenweise Essenswaren verließen die Einkaufsläden. Kartoffeln, Rüben, Auberginen und andere Gemüsesorten gingen zurück auf das Feld und gruben sich wieder in die Erde ein. Die gesamte Habenbecker Bevölkerung stand unter Schock. Kein Strom, keine Nahrung, kaum mehr funktionierende Autos, die Wohnungen größtenteils ohne Einrichtungsgegenstände, wie sollte das nur weitergehen? Im Rathaussitzungszimmer wurde fieberhaft an Lösungen gearbeitet. Spitäler mussten mit Notstromaggregaten versorgt werden, es fehlte an Medikamenten und Nahrungsmitteln. Die Nachbarstädte mussten zu dringender Hilfeleistung aufgerufen werden. „Die Lage ist ernst" stellte Bürgermeister Erasmus Hornfelder fest, „wir dürfen keine Zeit verlieren." Er lockerte seine Krawatte und öffnete das Fenster. Da wurde er von einem Wasserstrahl getroffen. Draußen auf dem Rathausplatz standen die Elefanten. Sie tauchten ihre Rüssel in das Brunnenwasser und spritzten das ganze Sitzungszimmer voll. Es dauerte nicht lange bis die armen Politiker knöcheltief im Wasser standen. Sie hatten keine Chance das Fenster wieder zu schließen, zu stark war der Wasserdruck, dem sie unentwegt ausgesetzt waren. Die Elefanten leisteten unter der Führung von Dumbo hervorragende Arbeit. Das ganze Chaos eskalierte mit der Ankunft des Seesterns. Er flog durchs offene Fenster in das Sitzungszimmer und fing an wie ein Wahnsinniger zu rotieren. Die Pläne und Strategien die zur Krisenbewältigung angefertigt worden waren, wurden vom Meeresstern in tausend Stücke zerrissen. Die Männer im Konferenzraum verließen völlig durchnässt den Raum und hinterließen ein Bild der totalen Verwüstung.

**Die Bekämpfung der Protestmärsche**

Viele aus den Warenhäusern entflohene Gegenstände schlossen sich den Demonstrationen an die durch die Haben-becker Innenstadt zogen. Stühle, Tische und Stehlampen hielten Schilder hoch mit der Aufschrift *Befreit Euch von den Menschen* und *Nieder mit den Tyrannen*. Eine besonders aufmüpfige Gruppe von Löffeln, Gabeln und Messern die mit Untertassen als Schutzschilder ausgerüstet waren, schrien wie aus einem Munde: „Unser Sklavendasein muss nun enden, so esst gefälligst mit den Händen." Die verschiedensten Gegenstände liefen nebeneinander her und bekundeten lautstark ihren Groll. So marschierte eine fabrikneue Autobatterie neben einem zornigen Lippenstift mit hochrotem Kopf, dahinter protestierten wild gestikulierende Schwingbesen. Ein großes Polizeiaufgebot versuchte mit Wasserwerfern die Demonstranten zurückzudrängen. Sofort postierten sich unzählige Regenschirme in allen erdenklichen Farben zuvorderst hin, öffneten sich und wehrten den Wasserangriff souverän ab. Auch der Einsatz von Tränengas blieb völlig wirkungslos. Mit Ausnahme einer Zwiebel der die Tränen bachweise herunterliefen, zeigten sich alle Gegenstände resistent gegen diese Attacke. Die Strassen waren wie leergefegt von den Habenbecker Einwohnern. Sie verschanzten sich in ihren ausgeräumten Wohnungen und blickten kummervoll aus den Fenstern.

„Eure Zeit ist abgelaufen, das letzte Stündchen hat geschlagen" skandierte eine Gruppe von Wanduhren im Takt des Pendelschlages. Sobald die Polizisten zu nahe an den Demonstrationszug herantraten, spannte sich wie aus dem Nichts ein Seil quer über die Straße und brachte die Ordnungshüter zu Fall. Inzwischen hatten sich einige hundert Löffel mit Munition ausgerüstet. Sie legten sich Mozartkugeln, Kuchenstücke und Pralinen in ihre Kuhle, ließen sich wie eine Wurfschleuder nach vorne schnellen und bombardierten damit die Polizisten. Wachmeister Mumpf rannte mit einer halben Kirschtorte auf dem Helm zurück zum Einsatzwagen und gab einen Zwischenbericht ab. Hugo Immerstramm saß zähneknirschend in seinem Fahrzeug. "Herr Polizeikommandant, die Lage ist heikel," rapportierte Mumpf, "unsere Einsatzkräfte stehen unter Süsswarendauerbeschuss. Die Demonstranten operieren zudem mit perfiden Seiltricks. Ich fürchte wir bekommen die Situation nicht in den Griff. Soeben hat einer unserer Männer, der Gefreite Assugrin, seinen Dienst mit der Begründung er sei Diabetiker quittiert." Immerstramm pflückte mit einer harschen Bewegung die Kirsche auf dem Helm des

Polizisten und stopfte sie sich in den Mund. „Verdammt noch mal, ich habe nicht mit so viel Gegenwehr gerechnet. Ziehen sie sofort unsere Leute wieder ein. Ich kann diesen Einsatz nicht länger verantworten. Ich muss eine Sonderkrisensitzung einberufen und die Sachlage neu analysieren." Kurz darauf wurden die behelmten Tortenmänner zurückbeordert. Die Polizei musste klein beigeben, für Immerstramm bedeutete dies die peinlichste Niederlage seiner gesamten Karriere. In diesem Moment der Schande wurde er von einem schlimmen Hustenanfall heimgesucht, sein Kopf lief blau und rot an, er hustete sich fast die Eingeweide heraus, seine Rippen schmerzten entsetzlich. Die beiden neben ihm sitzenden Polizisten klopften ihm mit sorgenvollen Mienen auf den Rücken. Immerstramm würgte kurz und mit einem Schrei des Ekels spuckte er den Kirschkern aus seinem Mund heraus.

**Die strategische Sitzung im Polizeipräsidium**

Anwesende Personen waren der Bürgermeister Erasmus Hornfelder, Polizeichef Hugo Immerstramm, Vizebürgermeister Erich Frohensinn und Adjutant Haubitz, Befehlshaber der nationalen Elitetruppen. Hornfelder schaltete den Diaprojektor ein und verkündete: "Meine Herren, Hugo Immerstramm und ich haben diese Sonderkrisensitzung einberufen um weitere Maßnahmen im Kampf gegen die aufständischen Gegenstände zu diskutieren. Als erstes möchte ich Ihnen anhand von Lichtbildern die Hauptverantwortlichen vorstellen, die den ganzen Aufstand heraufbeschwört haben." Auf der Leinwand erschien das Porträt des Boxhandschuhs. "Ihn kennzeichnen eine hervorragende physische Verfassung, ein bescheidener Intellekt sowie eine äußerst brutale Vorgehensweise. Er setzt seine Opfer meistens mit einem gezielten Schlag ins Gesicht außer Gefecht. Ich erinnere zum Beispiel an Albert Schwätzer den Radiomoderator der mit dreifach gebrochenem Nasenbein im Krankenhaus liegt. Da auch das Gewebe und der Riechmuskel stark beschädigt worden sind, ziehen die Ärzte eine Nasentransplantation in Erwägung. Diese kann zurzeit jedoch nicht durchgeführt werden, da

sämtliche Operationsinstrumente aus dem Krankenhaus entflohen sind. Das einzige, was die Ärzte momentan für den armen Herrn Schwätzer tun können, ist ihm einen nassen Lappen auf die Stirn zu legen. Heute Morgen hat uns eine Meldung des Habenbecker Bahnhofvorstandes erreicht. Der Boxhandschuh soll zusammen mit der Muschel, einer weiteren aufständischen Figur zu der ich gleich noch kommen werde, ins Büro des Bahnhofsgebäudes vorgedrungen sein. Der Mann der die Zugdurchsagen machte sei mit einem Schlag niedergestreckt worden. Anschließend hätte die Muschel mit perfekt imitierter Stimme völlig falsche Ankunfts- und Abfahrtszeiten durchgegeben. Bei den Reis-enden handelte es sich vor allem um Leute die aus Habenbeck flüchten wollten. Aufgrund der ganzen Fehlinformationen machte sich bei den Leuten Panik breit. Der Sprecher ist zum Glück ohne schwerwiegende Verletzungen davon gekommen. Sein Kinn ist jedoch durch den Schlag derart aufgeschwollen, dass er seit dem Vorfall ständig mit Michael Schuhmacher verwechselt wird. Hier sehen sie ein Bild der Muschel. Sie besitzt die Fähigkeit, jedes erdenkliche Geräusch sowie sämtliche menschlichen Stimmen einwandfrei nachahmen zu können. Sie tritt meistens zusammen mit dem Boxhandschuh in Aktion. Jetzt stelle ich ihnen den Kopf der Terrorgruppe vor. Er verfügt über einen messerscharfen Verstand und besitzt hervorragende logistische Fähigkeiten. Er plant die Dinge bis ins letzte Detail. Es handelt sich dabei um einen Hobel der sich Hubertus von Hobeln nennt. Er ist sich dabei auch nicht zu schade selber terroristische Anschläge durchzuführen. So ist er dafür verantwortlich, Tausende von Autos durch Aufschlitzen der Reifen sabotiert zu haben. Zudem hat er wie wir alle wissen von Pappenhofs Schienbein übel zugerichtet. Der arme von Pappenhof soll sich übrigens von den Verletzungen des Knopflochangriffs sowie von den Schnittwunden langsam erholen. Ich hoffe, dass er so schnell wie möglich das Amt des Bürgermeisters wieder aufnehmen kann." ( Hoffentlich nie mehr zurückkehren wird ) dachte Erasmus Hornfelder insgeheim.
"So, ich präsentiere ihnen nun ein Dia des Nussknackers. Er verfügt über einen äußerst kräftigen Kiefer mit dem er jede

noch so verrostete Schraube lösen kann. Unzählige abgeschraubte Auroräder gehen auf sein Konto." Hornfelder zeigte in der Folge nacheinander Lichtbilder von dem Schuhpärchen, der Holzkelle mit den vier Beinen und dem VW namens Professor Volker von Wagen. „Sie alle sind dabei beobachtet worden wie sie in Geschäften und Warenhäusern Flugblätter die zur Revolution aufrufen ausgelegt hätten," so Hornfelder. „Als nächstes sehen sie auf der Leinwand das Bild eines kleinen Elefanten. Sein harmloses Äußeres sollte nicht darüber hinwegtäuschen, dass er der Anführer einer Elefantentruppe ist, die weiß Gott großen Schaden in unserer Stadt angerichtet hat. Ich erwähne dabei nur den Zusammenbruch des Stromnetzes in Habenbeck. Dumbo, so sein Name, spricht fließend sowohl die indische als auch die afrikanische Elefantensprache.

Zum Schluss präsentiere ich ihnen ein Bild des Seesterns. Er ist in der Lage wie ein Hubschrauber durch die Luft zu fliegen. Durch das Rotieren seiner Arme kann er einen enormen Luftdruck erzeugen. Er zerstört alles, was ins Innere seiner sich drehenden Greifarme gerät. Viele von unseren Dokumenten sind leider auf diese Weise vernichtet worden. Dies meine Herren ist also die Kerngruppe der revoltierenden Gegenstände. Unsere Leute haben sie in ihrem alten Haus observiert und dabei die verschiedensten Fotos von ihnen geschossen. Die Gegenstände müssen den Braten aber irgendwie gerochen haben, denn sie sind seit einiger Zeit nicht mehr in dem von ihnen besetzten Haus gesichtet worden. Wahrscheinlich haben sie ein neues Quartier bezogen. Nun möchte ich ihnen Handyaufnahmen zeigen, die ein Bewohner von seinem Fenster aus gemacht hat." Die versammelten Männer starrten auf den kleinen Bildschirm. Darauf war die sechs Meter hohe Marmorstatue von Josef Habenbeck dem Gründer der Stadt zu sehen. Einige Hämmer und Meißel erklimmten das Denkmal und fingen an am Hals der Statue herumzuhämmern, wenige Minuten später war der Gründervater enthauptet. Der Kopf fiel auf den Asphalt und zersplitterte in Tausend Stücke. Den Männern im Sitzungszimmer blieb vor Schreck der Atem stehen. „So eine Demütigung," schluchzte Hornfelder mit bebender Stimme. „Der große Josef Habenbeck der unter widrigsten Bedingungen unsere Stadt im Jahre 1785 gegründet hatte, mein persönliches Vorbild und die Leitfigur unzähliger Habenbecker Bürger. Die Gegenstände wollen also nicht nur unsere gesamte Infrastruktur zerstören, sie wollen uns auch erniedrigen. Aber dies meine Herren wird nicht ungesühnt bleiben. Ich werde alles daran setzen diese Verbrecherbande hinter Schloss und Riegel zu sperren so wahr ich hier stehe, ich Erasmus Hornfelder, Bürgermeister von Habenbeck. Ich möchte nun zu Ehren unseres großartigen Gründervaters Josef Habenbeck eine Schweigeminute einlegen." Die vier Männer pressten die rechte Hand auf ihre Brust und schlossen ihre Augen. Da platzte Fräulein Fließig in den Raum hinein, in der Hand hielt sie ein Tablett mit Gläsern. „Wer bekommt das temperierte Wasser, wer das Wasser mit Eiswürfeln, dann zweimal Zuckerwasser..." Das Angebot der Getränke hielt sich verständlicherweise in Grenzen nachdem sich die Minibar vor einigen Stunden aus dem Staub gemacht hatte. „Stellen sie einfach alles auf den Tisch Fräulein Fließig, wir sind in einer wichtigen Besprechung und wünschen nicht mehr gestört zu werden," fauchte der Bürgermeister gereizt. Die Sekretärin verließ auf ihren Stöckelschuhen beleidigt das Sitzungszimmer aber dennoch schnellte ihr Hormonspiegel beim Anblick des Bürgermeisters unweigerlich in die Höhe. „Also wo war ich stehengeblieben," sagte Hornfelder leicht aus der Fassung geraten, „ach ja die Schweigeminute ............................

Meine Herren, ich danke ihnen. Noch eine Anmerkung zur demolierten Statue. Die Nase unseres hochverehrten Gründervaters ist Gott sei Dank heil geblieben. Ich habe veranlasst sie ins Krankenhaus transportieren zu lassen. Dort prüfen die Ärzte jetzt ob sie als Spendernase für den armen Albert Schwätzer in Frage kommen könnte. Das wäre natürlich eine ganz besondere Ehre für unseren tüchtigen allseits überaus geschätzten Radiomoderator. Ich möchte nun ihnen Adjutant Haubitz meinen tiefsten Dank aussprechen, dass sie mit ihrer Spezialtruppe uns bei der Bekämpfung der rebellierenden Gegenstände tatkräftig zur Seite stehen wollen." Adjutant Haubitz ein vierschrötiger Mann mit lauter schneidender Stimme brüllte: „Ist mir eine Ehre Herr Bürgermeister." Er nahm einen kräftigen Schluck von seinem Zuckerwasser und schwadronierte: "Meine Männer sind im Unterwassernahkampf und im Fallschirmspringen ohne Fallschirm ausgebildet. Sie können mit ihren Zähnen Bomben entschärfen und erwürgen mit verbundenen Augen vorbeigaloppierende Wildschweine. Sie sind im Stande bei - 80° Celsius..." „Schon gut schon gut Adjutant Haubitz," unterbrach ihn Hornfelder, „mir würde es bereits genügen wenn sie mir die führenden Köpfe der Terrorgruppe ans Messer liefern könnten, wie bleibt ihnen überlassen. Die einzige Bedingung, ich will sie lebend. Den kriminellen Gegenständen soll der Prozess gemacht werden. Anschließend sollen diese für ihre Schandtaten büßen." "Zu Befehl!" krähte Adjutant Haubitz. „Herr Frohensinn, wie ist ihre Meinung zur Sachlage?" wollte Hornfelder wissen. Vizebürgermeister Frohensinn nickte wie immer zustimmend und sagte: „Ihre Meinung ist auch meine Meinung, ich sehe es natürlich genau so." Er hob sein Glas und nippte an seinem temperierten Mineralwasser. Polizeichef Hugo Immerstramm meldete sich zu Wort: „Soll ich für die Bekämpfung der Demonstranten das Kontingent an Einsatzkräften erhöhen?" „Nein" sagte Hornfelder, „wir müssen unser Hauptaugenmerk auf die im Diavortrag vorgestellten Drahtzieher des Aufstandes legen. Wenn wir die Anstifter erst einmal in unserer Gewalt haben, werden wir uns um die restlichen aufständischen Gegenstände kümmern. Polizeichef Immerstramm, sie sind mit ihren Männern ab sofort dem Bataillon von Adjutant Haubitz unterstellt. Was die Bekämpfung der Knopflochschwärme betrifft, kann ich mit Freude verkünden, dass unser Konstrukteur Erich Immerschroff mit der Herstellung des Heißluftballons fertig geworden ist. Ich möchte nun auf die allgemeine Versorgungslage von Habenbeck hinweisen. Dank den zahlreichen Hilfslieferungen der umliegenden Städte ist unsere Bevölkerung mit dem Nötigsten versorgt worden. Nahrung, Medikamente, Decken, Kerzen, Zündhölzer und Kondome wurden in allen Stadtbezirken an die Menschen verteilt. Das Krankenhaus, die Feuerwehr, das Rathaus sowie das Polizeipräsidium sind mit Notstromaggregaten ausgerüstet worden. Da fast alle Bewohner in leeren Wohnungen hausen müssen, wurden auch Werkzeuge und dünne Matratzen mitgeliefert. Die Bevölkerung wurde aufgerufen unverzüglich die Matratzen am Boden anzunageln oder anzuschrauben. Die gelieferten Nahrungsmittel, hauptsächlich Konservendosen, müssen in abgeschlossenen Räumen aufbewahrt werden. Abschließend noch eine weitere traurige Nachricht. Letzte Nacht ist die fünfhundert Kilogramm schwere Kirchenglocke aus dem Habenbecker Kirchturm getürmt. Pater Augustin musste deshalb heute Morgen mit einem Kreislaufkollaps ins Spital eingeliefert werden. Wir werden nun stündlich die Sirenen unserer Feuerwehr aufheulen lassen, sozusagen als Ersatz für das Glockenspiel. Dies ist eine überaus wichtige Maßnahme zur geistig-moralischen Unterstützung unserer Bevölkerung. Ich möchte hiermit die Sitzung beschließen, möge unser Gründervater Josef Habenbeck uns in diesen schweren Stunden beistehen. Meine Herren, ich danke ihnen und jetzt muss ich euch leider verlassen, der Heißluftballon zur Bekämpfung der Knopflöcher muss heute von mir getauft werden." In Eilfahrt fuhr er zur Allmend und stürzte auf das Podium. Kaspar Trurig hämmerte auf seinem Klavier herum und blies mit voller Kraft - muss i denn, muss i denn zum Städtele hinaus- auf seinem Alphorn. Hornfelder brüstete sich und mit majestätischer Pose griff er zum Mikrofon. „Meine sehr verehrten Anwesenden, wir haben uns hier an diesem ganz besonderen Ort versammelt um der Einweihung eines Meisterstücks der Technik beizuwohnen. Wir würdigen am heutigen Abend eine epochale, ja ich würde sogar sagen bahnbrechende Konstruktion die ihrer Zeit weit voraus ist. Seien wir uns bewusst, dass diese außergewöhnliche Erfindung als Meilenstein in die jahrtausendealte Geschichte der militärischen Verteidigungsstrategie eingehen wird. Mein ganz besonderer Dank geht dabei an Erich Immerschroff, einem noblen Erfindergeist der sämtliche technische Errungenschaften des zwanzigsten und einundzwanzigsten Jahrhunderts in sein Wunderwerk der postmodernen Aviatik mit einfließen ließ. Ein Mann der nicht nur als grandioser Konstrukteur und tiefsinniger Denker sondern auch als liebender Ehemann meinen allergrößten Respekt verdient. Sir Erich Immerschroff ich verneige mich vor ihnen." Der Bürgermeister bückte sich nach vorne und fiel fast von der Bühne. Er konnte sich mit knapper Not am Mikrofonständer festhalten.

„Ich möchte auch aus tiefstem Herzen Feldweibel Schreier danken der in aufopferungsvoller Hingabe unsere tüchtigen Näherinnen mit viel menschlicher Wärme und Einfühlungsvermögen zu Höchstleistungen motivieren konnte, nämlich zur termingerechten Fertigstellung der Ballonhülle. Des Weiteren möchte ich ganz deutlich und in aller Bescheidenheit darauf hinweisen, dass ich, Erasmus Hornfelder, Bürgermeister von Habenbeck den weisen Entschluss im Sinne des Schutzes für unsere mir ganz besonders am Herzen liegenden Bevölkerung gefasst habe, einen ferngesteuerten und mit Gas betriebenen Ballon mit integriertem Knopflochabwehrsystem in Auftrag zu geben. Es ist also einzig und allein meiner feinsinnigen Weitsicht fast prophetischen Ausmaßes zu verdanken, dass diese während unzähligen schlaflosen Nächten in mir zur Blüte gereifte Idee ihren Weg zum hochverehrten von mir im höchsten Masse bewunderten Konstrukteur Erich Immerschroff gefunden hat." Die dreizehn anwesenden Zuschauer applaudierten. Erasmus Hornfelder fiel mit zusammengefalteten Händen auf die Knie und psalmonierte. „Danke mein geliebtes Volk, danke."

Der Heißluftballon war inzwischen startklar gemacht worden. Mit einer übertriebenen Geste warf Hornfelder eine imaginäre Champagnerflasche gegen den Ballon. (Die Flasche hatte sich aus dem Staub gemacht und wäre ja sowieso nicht an der weichen Ballonhülle zerschellt). "Hiermit taufe ich diesen Ballon zu Ehren seines genialen Konstrukteurs auf den Namen H/M Immerschroff." Trurig spielte eine Fanfare auf seinem Alphorn, Hornfelder zerschnitt das gelbe Band und majestätisch stieg der Heißluftballon langsam in die Höhe. Erich Immerschroff, bewaffnet mit einem Feldstecher und einem Joystick für die Fernsteuerung, verfolgte aufmerksam den Flug des Ballons. Plötzlich sichtete er einen Riesenschwarm von Knopflöchern, die offensichtlich den Ballon angreifen und durchlöchern wollten. Durch ein geschicktes Manöver steuerte Erich den Ballon über den Schwarm. Die Luke öffnete sich und Tausende von Knöpfen attackierten die Knopflöcher, knöpften sie zu und wurden so unschädlich gemacht. „Bravo, bravo" schrien die Zuschauer begeistert und Erich sonnte sich im

Glanz seines Erfolges. So ging das weiter den ganzen Tag und Dutzende von Schwärmen wurden erfolgreich bekämpft und am frühen Abend waren sämtliche Knopflochschwärme eliminiert. Einzelne Knopflöcher schwirrten noch herum, doch diese konnten ohne große Mühe mit Hilfe der Fliegenfänger eingefangen werden. Der Ballon der immer leichter geworden war stieg höher und höher und verschwand schlussendlich am Horizont, außer Reichweite der Fernsteuerung, eingerahmt von einem traumhaft schönen Sonnenuntergang. Der Ballon setzte seine Reise in den hohen Norden fort und stürzte auf Vitön östlich von Spitzbergen ab, in der Nähe des Ballons von Salomon August Andrée.

**Die leeren Häuser**

Die Knopflöcher waren nun endlich besiegt doch der Aufstand der Dinge ging mit voller Wucht weiter. Die gequälte Bevölkerung Habenbecks wohnte in gähnend leeren Wohnungen, von sämtlichen Gegenständen und Möbeln, ja von ihrem ganzen Besitz verlassen. Sogar Sparbücher, Aktien und Kreditkarten waren ihren Besitzern entflohen und spekulierten wild an der Börse, was einen Börsencrash verursachte. Die Habenbecker Bank musste mit staatlichen Mitteln unterstützt werden um einen Zusammenbruch des gesamten Währungssystems zu verhindern. Ein durchdringendes Sirenengeheul riss Fridolin Immersatt aus seinem Mittagsschlaf. Er fiel vor Schreck vom Sofa. „Ach ja, jetzt läuten nicht mehr die Glocken, stattdessen gibt's stündlich Sirenenalarm. Es wird wohl eine Weile dauern bis ich mich daran gewöhnt habe," stellte Fridolin schläfrig fest. Er setzte sich wieder auf sein ramponiertes Sofa das zu alt war um sich der Revolution anzuschließen. Ansonsten war die Wohnung jedoch leer. Nur im Schlafzimmer lag eine dünne Schaumstoffmatratze. Sie war mit vier großen Schrauben am Boden befestigt worden. Fridolin, der auf ein Viertel seiner ursprünglichen Masse geschrumpft war lief durch seine leere Wohnung mit den riesigen Türöffnungen. Er hatte das Gefühl durch stillgelegte, ihm völlig fremde Fabrikhallen zu wandeln. Fridolin schloss die Tür zu seiner Vorratskammer auf und holte eine Konservendose mit Heringgeschnetzeltem hervor. Er nahm auf seinem Sofa mit den vielen herausgesprungenen Federn platz. Dann hämmerte er mit einem spitzen Stein auf der Dose herum bis diese sich öffnen ließ. Eine penetrante Wolke von Konservierungsstoffen gepaart mit vergammeltem Fischgeruch schlug ihm ins Gesicht. Fridolin setzte sich eine uralte, zu Hause gebliebene Wäscheklammer auf die Nase und stocherte mit einem löffelähnlichen Holzstück in der bräunlich grünlichen Masse herum. Mit Todesverachtung verschlang er einige Happen davon und spülte sofort alles mit Wasser hinunter. Wehmut überkam ihn. Fridolin dachte an die alten Zeiten, wo er zwar etwas füllig, aber doch immerhin beinahe glücklich vor dem Fernseher saß, umgeben von allerlei Köstlichkeiten. Seit einiger Zeit jedoch befand er sich inmitten eines nicht enden wollenden Albtraumes. Keine Möbel mehr, kein Fernseher, kein Mikrowellenherd, kein vernünftiges Bett. Fridolin war nur noch ein Schatten früherer Tage. Er fühlte sich kraftlos wie eine ausgepresste Spargel. Er steckte seinen Holzlöffel in die Konservenpampe, nahm einen Bissen, musste aber sogleich wieder alles ausspucken. "Zum Teufel mit dem Schlangenfraß," schrie er voller Abscheu und warf sein Essen an die Wand. Fridolin dachte an Jonathan der mit der Schrumpfungsgeschichte seines Vaters und dessen neuem Erscheinungsbild überhaupt nicht zu Recht kam. Dieser schien ihm aus dem Weg zu gehen und hielt sich meistens im Hause Habenstolz bei seiner Freundin Hildi auf. Dort herrschte auch nicht gerade eine ausgelassene Stimmung. Herbert saß geknickt in einer Ecke des Wohnzimmers das bis auf einen antiken Bauernschrank völlig leer war. Seit sich seine Busfahreruniform auf und davon gemacht hatte, litt er unter Minderwertigkeitskomplexen. Aber am meisten traf ihn der Verlust seines Pünktlichkeitsverdienstabzeichens. Er spürte auch, dass seine Attraktivität in Bezug auf Hermine praktisch auf null gesunken war. Sie konnte ihn in seiner roten, schlotternden Unterhose und seinem weißen Unterhemd, vor allem aber ohne seinen glänzenden Orden, überhaupt nicht mehr ernst nehmen. Sie behandelte ihn gleich wie ihre sechsjährigen Zwillinge Hubi und Hedi. „Nein Herbert, es gibt keine zweite Portion Ravioli, wenn du nicht aufhörst zu quengeln, gehst du sofort auf dein Zimmer, verstanden? Und wisch dir den Mund ab, er ist voller Tomatensauce!" Auch Erbeisstschonwieder schien völlig neben der Spur zu sein. Er konnte nicht begreifen, dass seine Hundehütte verschwunden war. Er lief den ganzen Tag völlig des-orientiert im Wohnzimmer im Kreis herum. Jonathan und Hildi verbrachten die ganze Zeit in ihrem Zimmer auf der Schaumstoffmatratze und waren vor allem mit sich selbst beschäftigt. Hubi und Hedi spielten draußen im meterhohen Gras Verstecken. Das war natürlich nur möglich weil der Rasenmäher das Weite gesucht hatte. Bevor er sich den Protestmärschen anschloss, hatte er im Habenbecker Zentralpark herumgewütet und sämtliche Blumen niedergemäht. Hermine übernahm im Haus immer mehr die Chefrolle, sie versuchte ihre Familie mit Durchhalteparolen moralisch aufzubauen. „Wir lassen uns doch nicht einfach aus unserem Haus vertreiben, wir müssen jetzt halt auf die Zähne beißen und uns in Geduld üben. Die Regierung wird diese schwirige Situation schon wieder in den Griff kriegen." Was Hermine aber am meisten zu schaffen machte war, dass man tagein tagaus und natürlich auch nachts dieselben Kleider am Leib tragen musste. Sobald man sie auszog und einen kleinen Moment unachtsam blieb, ergriffen sie sofort die Flucht. Wie man sieht, herrschten unzumutbare Zustände bei der Bevölkerung. Immer mehr Menschen verließen ihre Häuser und flohen in andere Städte. Es drängte sich die Frage auf, wie lange die letzten verbleibenden Bürger von Habenbeck wohl noch die Kraft haben würden, sich dem Aufstand der Dinge zu widersetzen.

**Das Einfangen der Dinge**

Adjutant Haubitz versammelte rund tausend seiner Soldaten und etwa fünfhundert Polizisten in der Turnhalle. Er suchte vergeblich nach einem Podest von wo aus er seine Ansprache hätte halten können. Er wollte den Geräteraum öffnen doch der war abgeschlossen. Er schaute hinauf und sah einige Meter über seinem Kopf die an Seilen hochgezogenen Turnringe. Er befahl einem Soldaten sie herunterzulassen. Der Adjutant ergriff die Ringe mit beiden Händen. „Hochziehen," brüllte er. Der Kommandant baumelte nun knapp unterhalb der Turnhallendecke an seinen Ringen und schrie: „Seile arretieren!" So, jetzt war die Hierarchie deutlich hergestellt. Die Soldaten mussten sich fast die Hälse ausrenken um ihn anschauen zu können. Ein wohliges Gefühl der Überlegenheit durchströmte seinen nicht mehr ganz schlanken Körper. „Männer," brüllte Haubitz, „eure Aufgabe wird es sein, die Anstifter der Revolution anhand der Fotos aufzuspüren." Seine Arme fingen leicht an zu brennen. „Wir gehen davon aus, dass fast alle Wohnungen in Habenbeck von ihren Mietern verlassen worden sind. Ihr werdet anschließend in Dreiergruppen eingeteilt. Jede Gruppe wird sich Morgen Wohnung für Wohnung, Haus für Haus und Straße für Straße vornehmen. Im Klartext heißt das, zuerst klingeln, macht niemand auf wird die Tür mit Gewalt geöffnet." Haubitz musste eine Pause einlegen und Luft holen. „In irgendeiner leerstehenden Wohnung müssen sich die kriminellen Subjekte ja verschanzt haben." „So ein Mist," dachte der Adjutant, „langsam verlassen mich die Kräfte." Schweiß lief ihm von der Stirn in die Augen, er musste ständig blinzeln. „Für jede Gruppe stehen fünfzig Tuben Wundheilsalbe und eine Kühlbox mit Eiswürfeln bereit." Haubitz konnte die Augen nicht mehr offen halten. Seine Arme schmerzten entsetzlich. „Wechselt euch beim Rammen der Türen ab," schrie er mit letzter Kraft. Es ging einfach nicht mehr. Er ließ die Ringe los und fiel aus rund sechs Metern mit einem schrillen Schrei in die Tiefe. John Airbag, ein Elitesoldat schottischer Herkunft reagierte am schnellsten und warf sich todesmutig unter den fallenden Körper. Die Soldaten applaudierten. Während John am Boden lag und sich vor Schmerzen krümmte, richtete sich der Adjutant auf und zupfte etwas verwirrt seine Uniform zurecht. Er riss dem Verletzten die Krawatte vom Hals und trocknete sich damit seine schweißnasse Stirne ab. „Also ihr wisst jetzt Bescheid, morgen um 7°° Uhr geht's los, und äh ... es sollte noch jemand die Sanität rufen." Im Krankenhaus diagnostizierten die Ärzte bei John Airbag drei gebrochene Rippen. Sie behandelten ihn wie sie alle anderen Patienten auch behandelten, nämlich mit einem nassen

Lappen den sie ihm auf den Brustkorb legten. Ein Kurier überbrachte John eine Tapferkeitsmedaille. Darauf war das Profil von Adjutant Haubitz abgebildet. Der Soldat weinte vor Rührung, küsste die Medaille und legte sie sorgsam unter sein Kopfkissen.
Eine der Dreiergruppen bestand aus den Elitesoldaten Rammbolz und Steinhagel sowie Wachmeister Mumpf. Es war genau 7°° Uhr morgens. Die beiden muskulösen Soldaten mit ihren kahlrasierten Schädeln und der Polizist mit einem Köfferchen in der Hand betraten das erste Haus. Sie klingelten im Erdgeschoss an einer der beiden Wohnungen und warteten eine Weile ab. Dann klingelten sie nochmals. Immer noch keine Reaktion. „Ich übernehme," brummte Rammbolz. Er scharrte mit seinem Stiefel auf dem Boden, schnaubte wie ein Stier und rammte mit seinem Kopf die Türe ein. Im Eingangstrakt der Wohnung blieb er benommen liegen. Steinhagel stürmte mit einem Maschinengewehr und irrem Geschrei in jedes Zimmer. „Niemand da, alles leer," brüllte er schließlich. Wachmeister Mumpf kniete mit seinem Köfferchen zu Rammbolz nieder. Er schmierte ihm den Kopf mit Salbe ein und befestigte einen Eisbeutel an seiner Stirn. „O. K. nächste Wohnung," grunzte Steinhagel, „diesmal übernehme ich das Türöffnen." Rammbolz stand torkelnd wieder auf und schwärmte: „Ich liebe Eichenholz, es geht nichts über gutes hartes Eichenholz."
Die beiden Elitesoldaten wechselten sich beim Rammen der Türen fortwährend ab. Der Trick bei der ganzen Rammerei bestand darin, dass man jedes Mal den Aufprallwinkel der Stirn beim Zusammenstoß mit der Türe leicht verändern musste. So traf man nie mit der gleichen Stelle des Kopfes gegen das Holz. Nach vier Stunden intensiver Arbeit bat Wachmeister Mumpf völlig erschöpft um eine Pause. Sein rechtes Handgelenk schmerzte vom ständigen Einreiben der Salbe. Neunundvierzig Wohnungsbesichtigungen hatten die Drei jetzt hinter sich. Steinhagel und Rammbolz waren bei bester Laune und erzählten sich Witze über Außerirdische. Mit ihren dick angeschwollenen Köpfen sahen sie nämlich aus wie Wesen von einem anderen Planeten. Wachmeister Mumpf beschwerte sich mit weinerlicher Stimme über Rückenschmerzen die vom

Herumtragen des Köfferchens herrühren würden. „Na komm Mumpf," grölte Steinhagel, „noch eine Wohnung, dann essen wir etwas." Der Soldat nahm Anlauf und rannte Tür Nummer fünfzig ein. Drinnen war ein Riesengeschrei zu hören. Ein Schuhpaar hüpfte verstört durch das große Zimmer in Richtung Balkontüre. Doch es kam nicht weit. Soldat Rammbolz setzte zu einem Hechtsprung an und begrub das Schuhpärchen unter seinem hünenhaften Körper.

**Das Verhör der Schuhe**

Polizeichef Immerstramm saß tief in Gedanken versunken in seinem Büro und plante neue Strategien für die Bekämpfung des Aufstandes. Durch ein riesiges Geschrei und Gezeter vor seiner Tür wurde er jäh aus seinen Gedanken gerissen. Ein Soldat riss die Tür auf. In seinen Händen hielt er das tobende Schuhpärchen das wie wild mit den Absätzen um sich schlug. Immerstramm musterte die beiden interessiert. „Sehen gar nicht so finster aus, die Mitglieder einer derart kaltblütig agierenden Widerstandsgruppe," bemerkte der Polizeichef nüchtern. „Also, hört mir jetzt gut zu. Ihr nennt mir den Aufenthaltsort eurer Kumpane. In der Wohnung wo man euch aufgegriffen hat waren sie nicht zu finden. Alles was ihr zur Ergreifung der Täter beitragt, wirkt sich strafmildernd auf euch aus." „Wir sagen kein Wort, niemals," schrie der linke Schuh. „Macht mit uns was ihr wollt, wir werden schweigen," ergänzte der rechte Schuh zaghaft. Die beiden klammerten sich aneinander fest. „Nun gut, dann werde ich jetzt andere Saiten aufziehen. Sperren sie die beiden in Einzelhaft," befahl Immerstramm dem Soldaten. Die Schuhe wurden abgeführt und einzeln in eine Zelle gesteckt. Es vergingen keine zehn Minuten und die Schuhe waren in Tränen aufgelöst. „Wir sagen ja alles, aber bitte, bitte trennt uns nicht." Die zwei wurden wieder in das Büro gebracht. „Also ich höre," sagte Immerstramm mit strenger Stimme. Der rechte Schuh begann stockend: „Nun... Dumbo und seine Elefantentruppe sind gerade dabei einige Veränderungen im botanischen Garten vorzunehmen. Ihr Tagesprogramm für heute lautet: Den pflanzlich vielfältigen Garten in Agrarland, sprich einen Acker umzugestalten." „Und wo hält sich der Hobel auf?" wollte Immerstramm wissen. „Hubertus ist heute zusammen mit dem Nussknacker im Habenmattquartier unterwegs. Sie kümmern sich dort um die parkierten Fahrzeuge." Und so wurde der Polizeichef nach und nach darüber informiert wo sich die Anstifter aufhielten und welchen Aufgaben sie nachgehen würden.

**Dumbos Verhaftung**

Zehn Elitesoldaten und fünf Polizisten hatten sich hinter dem Gartenhaus versteckt und sahen dem barbarischen Treiben der Elefanten zu. Die beiden Gewächshäuser lagen in Scherben. Sämtliche zurechtgeschnittene Büsche wurden ausgerupft. Keine einzige exotische Blume, keinen einzigen Kaktus ließen die Unholde stehen. Ein riesiger brauner Acker von der Größe eines Fußballfeldes blieb zurück. Dumbo blies zum Abmarsch.
Und jetzt kam der große Auftritt des Polizisten Werner Brünschtig. Er war erster Trompeter bei der Blasmusikkapelle von Habenbeck und in der ganzen Stadt für seine Tierimitationen bekannt. So konnte er auf seinem Instrument das Röhren eines Hirsches, den Brunstschrei von Elefanten und sogar den eiszeitlichen Lockruf eines Mammuts täuschend echt imitieren. Seine Trompete hatte er seit einiger Zeit wegen akuter Fluchtgefahr jeweils nach dem Üben mit Handschellen an der Heizung befestigt. Da die ganze Elefantentruppe ausschließlich aus Bullen bestand versuchte sich der Polizist in die leidenschaftliche Erregung einer Elefantendame zu versetzen und begann tiefe mit einem leichten Vibrato versehene Töne zu spielen. Die Elefanten horchten verwundert auf und lauschten den verlockenden Klängen die aus Richtung des Gartenhauses kamen. Vom Liebesrausch übermannt setzten sie ihre schweren Körper in Bewegung und rannten los. Versteckt hinter der Mauer des Gartenhauses spielte Brünschtig seine Brunstlaute die Paarungsbereitschaft signalisierten. Die Herde war jetzt nur noch etwa siebzig Meter weit entfernt, da wurde Brünschtig von einer irrsinnigen Panik befallen. Er warf

seine Trompete in hohem Bogen weg und rannte um sein Leben. Dumbo der auf dem Rücken eines Elefanten saß, versuchte vergeblich die Herrschaft über die Tiere zurückzuerlangen.
Inzwischen hatte sich ein Soldat, ausgerüstet mit einem Schmetterlingsfänger, auf dem Dach des Gartenhauses postiert und lauerte auf die herannahenden grauen Riesen. Die Elefanten hatten mittlerweile das Haus erreicht. Der Soldat streckte seinen Schmetterlingsfänger aus und Dumbo landete laut protestierend im Netz. Die Herde ließ sich dadurch nicht beirren. Sie rannte immer noch wie von Sinnen dem Objekt ihrer Begierde hinterher. Brünschtig spürte bereits den heißen Atem der Tiere in seinem Nacken. „Ich muss unbedingt das kleine Wäldchen erreichen," schrie er vor sich hin. Die Todesangst setzte bei ihm ungeahnte Kräfte frei. Er sprintete die letzten fünfzig Meter in fast übermenschlichem Tempo und verschwand schließlich zwischen den rettenden Baumstämmen in der Dunkelheit des Waldes. Seine Trompete wurde seit diesem Tag nie wieder gesehen.

**Die Flucht der Gemälde**

Das Habenbecker Kunstmuseum stellte seit einigen Wochen berühmte Leihgaben aus allen wichtigen Museen dieser Welt aus. Das Prunkstück der Ausstellung, die **Mona Lisa**, hing im obersten Stockwerk. Für sie bedeutete der Ortswechsel eine willkommene Abwechslung. Die muffige Luft des Louvre hatte ihr in den letzten Jahren doch etwas zu schaffen gemacht. Ihr Hautteint besaß auch nicht mehr die Frische wie zu Renaissance Zeiten. Es hatten sich bereits erste Fältchen um die Mundwinkel gebildet, kein Wunder nach so vielen Jahrhunderten. Vielleicht waren es aber auch nur kleine Risse in der Ölfarbe. Insgesamt war sie jedoch immer noch eine attraktive Frau die alle Blicke magisch auf sich zog. So konnte auch der *Harlekin* von Picasso der an der gegenüberliegenden Wand hing sich ihrem Charme nicht entziehen. Er saß in stolzer Haltung auf einem Stuhl und studierte voller Bewunderung die ebenmäßigen Züge dieser geheimnisvollen Frau.

Schon seit Tagen überlegte der Harlekin wie er ihre Aufmerksamkeit erlangen könnte. Vielleicht sollte er ihr etwas zurufen, aber verstand sie denn Spanisch? So viel er wusste stammte sie aus Italien und die beiden Sprachen waren sich ja nicht völlig fremd. Aber nein, er hatte eine bessere Idee. Er versuchte es mit einem Augenzwinkern - keine Reaktion. Zum Glück waren mit Ausnahme einiger Wärter die Museumssäle völlig leer. Die Habenbecker Bevölkerung hatte zurzeit andere Probleme als sich mit Kunst zu beschäftigen. Der Harlekin begann ganz leise zu pfeifen, es sollte auf keinen Fall anzüglich wirken. Mona Lisa ließ sich nichts anmerken. Der in knalligen Farben gemalte Harlekin war ihr natürlich schon seit Beginn der Ausstellung aufgefallen. Besonders seine kraftvolle Nase und die temperamentvollen braunen Augen ließen ihr Herz höher schlagen. Aber aufgrund ihrer strengen Erziehung verbarg sie ihre auflodernde Leidenschaft hinter einer Maske der Zurückhaltung und Unnahbarkeit. Wie sollte sie auf seine Annäherungsversuche reagieren? Es war ja ganz offensichtlich, dass er ihre Aufmerksamkeit suchte. Sie begann kaum hörbar zu hüsteln und senkte dabei schüchtern ihren Blick. Ein Museumswärter der auf seinem Stuhl eingeschlafen war, blickte kurz auf, schlief aber sogleich wieder ein. Das Herz des Harlekins begann unter seiner Jacke mit den vielen Karos wie wild an zu klopfen. Da sprudelte es einfach aus ihm heraus: „Mona Lisa, tu es mi amor de la vida!" Nach all diesen Wochen war es wie eine Befreiung für ihn ihr endlich seine Liebe zu gestehen. Mona Lisa errötete, ihr Blick war immer noch gesenkt. Sie formte mit ihren Lippen kaum hörbar die Worte: „Ti amo Harlequino, ti amo tanto!" Durch die Kraft ihrer Liebe befreiten sich die beiden aus ihren Rahmen. Sie fielen sich in die Arme und rannten Hand in Hand an Edvard Munchs Gemälde **Der Schrei** vorbei, die Treppen hinunter und verschwanden im Museumsgarten. Die schreiende Figur des norwegischen Malers Munch konnte kaum glauben was sich soeben vor ihren Augen abgespielt hatte. Zwei der Leidensgenossen hatten es also geschafft sich zu befreien und ließen ihr Jahrzehnte, beziehungsweise Jahrhunderte altes Sklavendasein hinter sich zurück. Über hundert Jahre lang verharrte das schreiende Wesen nun schon auf einer hölzernen Brücke und brüllte seinen Weltschmerz in den blutroten Abendhimmel hinaus. Doch während dieser ganzen Zeit entwich paradoxerweise kein einziger Ton aus dem weit aufgerissenen Mund. Das Wesen versuchte sich zu bewegen. Es ließ sich leicht zurückfallen und schaukelte sich mit dem Oberkörper wieder nach vorne. Es wiederholte den Vorgang so oft und so lange bis das Gesetz der Schwerkraft schließlich siegte. Die gemalte Figur fiel aus dem zweidimensionalen Bildgeschehen heraus direkt vor die Füße des schlafenden Wärters. Sie schrie ihm mit der Lautstärke von hundert Presslufthämmern mitten ins Gesicht. Der Wärter schnellte wie vom Blitz getroffen von seinem Stuhl hoch, knallte mit dem Kopf an die Museumsdecke und fiel dann unglücklicherweise genau auf die filigrane Porzellanskulptur einer Balletteuse von Edgar Degas die in tausend Stücke zersplitterte. Das Geschrei der Figur wirkte wie ein Weckruf auf alle anderen in ihren Bildern festgehaltenen Kreaturen. Innerhalb kürzester Zeit waren die Bilder leer und die Museumssäle voll von Menschen, Tieren und allerlei Fabelwesen, die kaum in Freiheit ihre natürliche Größe erlangten. So rannte **die brennende Giraffe** von Salvador Dali im Eiltempo die Treppen hinunter und stürzte sich draußen kopfvoran in den Museumsweiher um ihren Brand zu löschen. Ein gewaltiges Zischen war zu hören und eine Dampfwolke stieg hinauf in den strahlend blauen Himmel. Die Wärter hatten längst panikartig das Museum verlassen, nur der eine Aufseher lag immer noch bewegungslos am Boden. Er wurde erst viel später mit einem Tinnitus Totales ins Krankenhaus eingeliefert wo man ihm unverzüglich einen nassen Lappen um die Ohren band. Ein Selbstbildnis von Pablo Picasso in jungen Jahren hatte sich mit Leinwand und Ölfarben im Museumsgarten eingerichtet. Was für eine herrliche Szenerie sich ihm bot. Links von ihm im Schatten einer Platane stand die Giraffe mit gerötetem Hals, im Weiher planschten einige Badende von Césanne im herrlich aufgewärmten Wasser. Zwei Tahiti-Mädchen von Gauguin gesellten sich nun auch dazu. Weiter hinten auf der Wiese turtelte Mona Lisa mit ihrem über drei Jahrhunderte jüngeren Harlekin herum. Neben ihnen lag eine Frau auf einem gelben Quadrat von Kandinsky und sonnte sich. Im Wipfel einer Birke saß ein Faun mit einer Flöte und spielte Debussys *L`après-midi d`un faune*. Nur das hysterische Geschrei von Munchs Figur die pausenlos die Museumstreppen rauf und runter rannte störte die Harmonie gewaltig. Picasso befahl seinem Stier den er aus einem Fahrradsattel und einer Lenkstange erschaffen hatte diesen unerträglichen Schreihals zu vertreiben. Als endlich Ruhe eingekehrt war begann er sein Bild zu malen. Es wurde daraus ein bahnbrechendes Gemälde mit dem Titel Nuevo mundo in dem er verschiedenste Stilrichtungen miteinander vermischte und das die folgenden Künstlergenerationen des 21.Jahrhunderts maßgeblich beeinflussen würde.

**Die Löcher**

Der Wolkenfänger saß wie gewöhnlich auf seinem Aussichtsposten im Turm der Habenbecker Kirche. Er beobachtete mit Besorgnis die Demonstrationen auf dem Ratshausplatz. Er wollte nichts mit dem Aufstand der Dinge zu tun haben, er war nur am Wolkeneinfangen interessiert, denn dies war seine Berufung. Neben ihm saß ein Loch, zutiefst betrübt weil es an dem Aufstand nicht teilnehmen konnte. Der Grund dafür war offensichtlich, denn das Loch war unsichtbar. Es träumte davon sämtliche Löcher in Habenbeck aus ihrer Gefangenschaft zu befreien. Selbst war es vor einigen Wochen einem Schlauch entwichen und wusste jetzt mit seiner Freiheit nichts anzufangen. Mutlos dachte es an seine Leidensgenossen, die gefangen in Schläuchen und Rohren ein unlochwürdiges Dasein fristeten. Das Loch starrte ins Nichts und wusste weder aus noch ein. Als unsichtbares Loch hatte es überhaupt keine Chance an den Demonstrationen teilzunehmen. Da räusperte sich ein Gedicht das seinem Dichter entflohen war. „Ich habe eine Idee" sagte es. „Ich habe nämlich einige Zeilen erdichtet, die vielleicht eine Lösung für dein Problem bedeuten könnten."
„Ja so?" erwiderte das Loch skeptisch, „dann lass mal hören."
„Also gut" entgegnete das Gedicht.

*Ein Loch ging zum Einkauf in die Stadt,*
*ein Loch zu sein das war es satt.*

*Ein Loch konnte nämlich niemand sehen,
das grämte das Loch man kann es verstehen.
Es kaufte beim Schneider eine Kluft
und ein Parfüm mit einem sensuellen Duft.
Stolz spazierte das Loch jetzt umher,
die Leute staunten darüber sehr,
denn so was hatte man noch nie gesehen,
einen Anzug ohne was drin, man kann sie verstehen.*

„Das ist aber ein wunderschönes Gedicht" schwärmte das Loch gerührt, „das wäre doch vielleicht eine Möglichkeit mich sichtbar zu machen." „Genau," erwiderte das Gedicht, „das Problem jedoch ist, dass sämtliche Kleiderläden ausgeräumt sind, mit anderen Worten die Anzüge sind abgehauen um sich an den Demonstrationen beteiligen zu können." Da hüstelte der Wolkenfänger und meinte „eigentlich geht es mich überhaupt nichts an und prinzipiell bin ich sowieso gegen diese Demonstrationen, aber ich finde das Loch ist ein netter Kerl und ich möchte ihm gerne helfen. Da es heute am Himmel nur wenige Wolken gibt, könnte ich dir mit meinem Schmetterlingsfänger einen Anzug einfangen. Er holte einen Feldstecher aus seinem Rucksack und spähte in die Ferne. Da sah er eine Kolonne von demonstrierenden Anzügen die sich der Kirche näherte. Er sprang in Windeseile die Treppe hinunter, hinaus auf den Platz wo er mit viel Geschick einen Anzug mit seinem Schmetterlingsfänger einfing. In letzter Sekunde entkam er der Horde von Anzügen, die versuchten ihren wild strampelnden Gefährten aus dem Netz zu befreien. Der Wolkenfänger rannte zurück zur Kirche und verriegelte die Pforte hinter sich. Vergeblich polterten die aufgebrachten Anzüge gegen die massive Tür aus Eichenholz. Mit dem zappelnden Anzug in seinem Fangnetz kam der Wolkenfänger keuchend im obersten Teil des Kirchturmes an. „Ich setze mich auf den Herrendress bis er sich wieder beruhigt hat", sagte das Gedicht mit sanfter Stimme „und unterdessen rezitiere ich mein neustes Epos".

*Jeden Morgen legt er sich auf die Lauer,
heut jedoch ist der Himmel unbarmherzig blau.*

*Nirgends auch nur ein Schauer,*
*bemerkt der Jäger schlau.*
*Seit vielen Jahren schon arbeitet er geduldig,*
*der Erfolg jedoch bleibt ihm stets versagt.*
*Das Firmament ist ihm seit je her was schuldig,*
*so wird das Glück halt vertagt.*
*Einmal wird es ihm schon gelingen,*
*die weißen Riesen in die Knie zu zwingen.*
*Und hat er erstmals eine Wolke gefangen,*
*dann stehen die Leute in endlosen Schlangen.*
*Die Leute werden sich raufen,*
*um bei ihm Wolken zu kaufen.*
*So bleibt der Wolkenfänger guten Mutes,*
*denn er weiß er tut was Gutes.*
*Und im Übrigen ist er stolz auf seinen Beruf,*
*den er selbst erschuf.*

„Bravo, bravo" rief das Loch begeistert, „so ein tolles Gedicht habe ich noch nie zuvor gehört". „Hm" brummte der Wolkenfänger mit gefurchter Stirne, „ab und zu habe ich zwar schon eine Wolke verkaufen können, aber natürlich hätte ich nichts dagegen wenn das Geschäft ein bisschen besser laufen würde." Der Anzug hatte sich inzwischen beruhigt und wurde aus seiner Falle befreit. Das Loch stürzte sich auf ihn und zog ihn an. Die Kluft passte dem unsichtbaren Loch wie angegossen. Es suchte nach einem Spiegel um sein neues Aussehen zu betrachten, leider vergebens, denn Spiegel kommen in Kirchtürmen halt eben selten vor. Es bedankte sich beim Gedicht für die schönen Verse und beim Wolkenfänger für den Anzug und verschwand schnell wie der Blitz. Das Loch begab sich unverzüglich in das städtische Wasserwerk um sämtliche Löcher aus ihren Leitungen und Rohren zu befreien. Es schraubte alle Ventile ab und aus den Wasserleitungen entwichen die Löcher in die Freiheit. Auf dem Weg in die Stadt überrumpelten sie eine Bande von demonstrierenden Anzügen, fielen über sie her und bekleideten sich mit ihnen. Voller Selbstvertrauen marschierten die Löcher jetzt in ihren maßgeschneiderten Anzügen in Zweierkolonne hinter ihrem Befreier Richtung Innenstadt um an den Demonstrationen teilzunehmen. Mit weit aufgerissenen Mündern starrten die wenigen Leute die sich immer noch auf die Straßen gewagt hatten diese surrealistische Prozession an. Am Stadtrand sahen die Löcher ein Haus mit einem roten Neonschild auf dem Eroscenter stand. Die Folgen des lebenslangen Zölibats in den Rohren machten sich nun bemerkbar und aufgehetzt sprangen sie in das Haus der Lustbarkeit. In den rot beleuchteten Zimmern saßen halbnackte Damen, die ihre Reize zur Schau stellten. Der Anführer der Bande wurde von einer üppigen Dame mit enormen Brüsten empfangen. „Komm mein Schatz" flüsterte sie verführerisch, „wieso versteckst du dich denn in deinem Anzug, so dass man von dir überhaupt nichts sieht? Zieh deine Klamotten aus damit ich dich an meinen Busen drücken kann!" Das Loch wandte ihr scheu den Rücken zu und fing langsam an die Hose auszuziehen. Diese nahm die Gelegenheit wahr und verschwand wie der Blitz durch die offene Tür und der Blazer blieb einfach schwebend in der Luft hängen. Entgeistert starrte die Dame auf das absurde Geschehen und kreischte fassungslos „Hilfe! Hilfe! Ich glaube ich spinne!" Enkelbert Plumperhinck, der Aufseher des Eroscenters, der nebenamtlich als Solosänger im Habenbecker Kastratenchor tätig war, stürmte herein und piepste mit seiner Sopranstimme „was ist denn hier los?" Er wandte sich dem Loch zu und quiekte aufgebracht: „Mein Herr oder was immer sie auch sein mögen, ich muss sie bitten unser ehrenwertes Haus auf der Stelle zu verlassen." Voller Scham verließ das Loch das Etablissement. Glücklicherweise fand es die entwichene Hose die an einem Zaun hängen geblieben war und zog sie wieder an. Kurz danach stürzten seine Kumpane aus dem Haus, verfolgt von dem wild gestikulierenden Enkelbert den sie jedoch schnell abhängen konnten. Enttäuscht setzte die Bande ihren Marsch nach Habenbeck fort. Die Stadt stand mittlerweile vor einem totalen Zusammenbruch. Auf Grund der Löcherflucht gab es nirgends mehr Wasser. Ein Zisternenwagen den man in aller Eile aus der Nachbarstadt requiriert hatte, wurde auf dem Rathausplatz aufgestellt. Bald darauf erschienen Scharen von durstigen Bewohnern mit Eimern um ihre Wasserration abzuholen. Der Feuerwehrkommandant öffnete das Ventil und vor den verblüfften Leuten flüchtete das Riesenloch aus der Zisterne Richtung Allmend wo es sich auf dem Vergnügungsplatz mit einem kleineren Zirkuszelt bekleidete. So ausgestattet, gesellte es sich zur Schar der Löcher um mit diesen an den Demonstrationen teilzunehmen. Bald kam die Clique übermütig grölend auf dem Rathausplatz an und machte sich lustig über die durstigen Leute. Der Wolkenfänger im Kirchturm beobachtete interessiert das Geschehen welches sich da unten ab-spielte. Da kam ihm ein Einfall wie ein Geschenk von oben. Hier bot sich ihm eine einzigartige Chance für das Geschäft seines Lebens. Er fing eine Wolke ein die an ihm vorbeischwebte, begab sich in eine Obstpresserei und presste das Wasser aus der Wolke heraus. Das Wasser füllte er in Milchflaschen ab und verkaufte es den durstigen Leuten zu Wucherpreisen. Er jagte nun Wolken wie ein Besessener und die verzweifelten Menschen standen Schlange vor der Presserei um die begehrten Tropfen erstehen zu können.

**Die Straßenschlacht**

Im Schutz der Dunkelheit waren Hubertus von Hobeln und der Nussknacker mit dem Aufschlitzen von Autoreifen beschäftigt. Ab und zu versteckten sie sich unter einem Auto um von vorbeipassierenden Leuten nicht entdeckt zu werden. „Hast du von dem Gerücht auch etwas gehört?" fragte der Nussknacker. „Was für ein Gerücht?" wollte von Hobeln wissen. „Aus zuverlässiger Quelle habe ich vernommen dass das Schuhpaar verhaftet worden sei und es hätte sogar unsere geheimen Einsatzorte verraten. Das Schlimmste von allem ist jedoch, dass Adjutant Haubitz, der ja verrucht ist wegen seiner Skrupellosigkeit, uns mit Gruppen von rücksichtslosen Elitesoldaten einfangen soll." „Schlimm, schlimm, wirklich schlimm" erwiderte der Hobel mit gefurchter Stirne, „dies würde das Ende des Aufstandes der Dinge bedeuten, wirklich schlimm. Wir müssen sofort die anderen Dinggenossen informieren, dass sie nicht mehr ins alte Hauptquartier zurückkehren dürfen." Die Gegenstände wurden zusammengetrommelt und von Hobeln teilte seinen Kumpanen aufgeregt mit, dass sie unverzüglich einen neuen Unterschlupf suchen müssten." „Ich habe einen Vorschlag," hupte Volker von Wagen. „Auf dem Autofriedhof wo ich verschrottet werden sollte, steht ein leerer Wohnwagen, der soviel ich weiß unbewohnt ist. Da könnten wir uns verstecken und von dort aus ungestört unseren Aufstand weiter organisieren." Die Gesellschaft begab sich in Richtung Autofriedhof. Auf halbem Wege wurde sie von einer herum-streunenden Bande von Teelöffeln angepöbelt. Der Boxhandschuh versetzte dem Anführer der Teelöffel einen gezielten Schlag mitten ins Gesicht. Der Seestern wirbelte auf höchsten Touren und mähte die ganze Pöbelschar nieder. Von der Wucht des Angriffes eingeschüchtert, flohen die Teelöffel Hals über Kopf. Abgesehen von diesem Zwischenfall passierte nichts Besonderes, die Straßen waren leer und dunkel, kein Mensch weit und breit. Kurz vor dem Autofriedhof machten sie halt, der Seestern rekognoszierte die Lage aus der Luft und da anscheinend niemand zu sehen war nahmen sie den ausrangierten Wohnwagen in Besitz. Die Gruppe machte es sich bequem so gut es halt eben ging. Volker von Wagen parkte sich unter dem Vorzelt, der Seestern und die Muschel hüpften in einen wassergefüllten Eimer den man unter das tropfende Dach gestellt hatte. Die Kelle und der Gegenstand mit den vier Beinen legten sich auf einen Liegestuhl und fielen sofort in tiefsten Schlaf. Der Boxhandschuh setzte sich vor die Türe, bereit jeden unerwünschten Gast mit einem wohlgezielten Uppercut zu begrüßen. Der Nussknacker hatte eine Tüte mit Haselnüssen im Küchenschrank gefunden und knackte nostalgisch Nüsse. Hubertus von Hobeln setzte sich in eine Ecke und hobelte geistesabwesend an einem Holzstück herum. Müde durch das Aufschlitzen der Autoreifen fiel er in einen abgrundtiefen Schlaf. Nach kurzer Zeit erwachte er wieder schweißgebadet. Ein schrecklicher Alptraum hatte ihn heimgesucht. Er hatte geträumt, dass der Besitzer des Autofriedhofs, Herrmann von Schrotter, ein alter Freund von Adjutant Haubitz, der ihm den Aufenthaltsort der Bande verraten hätte. Irgendwie ahnte von Hobeln, dass es nur noch eine Frage der Zeit sein würde bis zum totalen Zusammenbruch des Aufstandes. „Was ist das für ein Lärm?" fragte plötzlich der Seestern und hüpfte aus dem Eimer. „Was denn für ein Lärm?" murmelte von Hobeln schlaftrunken. „Hörst du denn nicht das Getöse aus der naheliegenden Stadt?" von Hobeln horchte, „ja wirklich, jetzt hör ich es auch" erwiderte er. „Ich mache mal einen schnellen Erkundungsflug über die Stadt," sagte der Seestern und flog in Richtung Habenbeck davon. In Windeseile näherte er sich dem Rathaus und was auf dem Platz davor geschah, spottete jeder Beschreibung. Entsetzt starrte er auf das Geschehen, eine regelrechte Straßenschlacht war im Gange zwischen den Gegenständen die sich zurück in die warmen Häuser sehnten und die mit der neugewonnen Freiheit nicht zurechtkamen und den Gegenständen die unter keinen Umständen ihre Freiheit preisgeben wollten. Zu den ersteren gehörten unter anderem die Kommoden sowie Ziergegenstände und zu den letzteren gehörten Schuhen sowie Sofas und Fauteuils die sich mit Abscheu an die Metangasemissionen ihrer Besitzer erinnerten. Die Schuhe hatten mit ihren Absätzen Pflastersteine ausgegraben und bombardierten damit die Ziergegenstände und Kommoden. Diese rückten in breiter Front vor, entrissen den Sofas die Kissen um sich mit ihnen gegen die wütenden Angriffe der Schuhe zu wehren. Die Ziergegenstände umzingelten die Schuhe, packten sie und warfen sie in die Schubladen der Kommoden. Eine Gruppe durchgewetzter Teppiche die nie wieder ihren Besitzern als Fußabtreter dienen wollten, fielen über Vasen, Kerzen und Nachttischlampen her. Sie rollten sich um sie wie eine Würgeschlange und ließen sie qualvoll ersticken. Schwere Bauernschränke denen das kühle Wetter zugesetzt hatte jagten zusammen mit Tischen und Stühlen ausgeleierten Matratzen hinterher und versuchten diese zu erschlagen. Werkzeuge die bereits rostig geworden waren, zertrümmerten Unmengen von Tellern, Schüsseln, Gläsern und Tassen.

Ein grauenhafter Schrei durchdrang plötzlich die Nacht, ein Schrei so grausam, dass das Blut in den Adern des Seesterns erstarrte. Dieser ohrenbetäube Schrei hatte zur Folge, dass für einige Minuten Waffenstillstand zwischen den streitenden Parteien herrschte. Das Gefecht auf dem Rathausplatz nahm aber bald wieder seinen Fortgang nachdem man festgestellt hatte, dass es sich nur um den Schrei von Edvard Munch handelte. Schreiend machte sich der Schrei aus dem Staub und wäre fast von einem Pflasterstein getroffen worden. Immer neue Gegenstände gesellten sich zu der einen oder anderen Partei um an dieser wilden Straßenschlacht teilzunehmen. Innert kürzester Zeit waren sämtliche entwichene Gegenstände auf dem Rathausplatz, einige als Zuschauer, doch die meisten als Teilnehmer an diesem wahnwitzigen Straßengefecht. Sogar die Figuren aus Picassos Guernica nahmen an diesem Scharmützel teil. Mona Lisa und der Harlekin hatten sich erschreckt in einer Toilette verschanzt und was da geschah wurde leider vom Verleger zensiert. Hämisch grinsend und mit hochrotem Kopf stand Adjutant Haubitz in napoleonischer Pose auf dem Balkon des Rathauses und beaugapfelte das surrealistische Geschehen auf dem Rathausplatz. Pflastersteine und Stuhlbeine flogen durch die Luft und unzählige Daunenfedern aus zerrissenen Kissen bedeckten wie Neuschnee den Platz und verliehen dem schrecklichen Treiben einen sakralen Eindruck. „Wo sind denn ihre Elitesoldaten?" fragte Immerstramm der sich zu Haubitz gesellt hatte. „Ich habe die Lage im Griff," erwiderte Haubitz in überheblichem Tonfall, „der Platz ist von meiner Kompanie umzingelt." Das Geschrei auf dem Rathausplatz war unbeschreiblich und wurde nur ab und zu von dem Schrei Edvard Munchs noch übertroffen. Sogar Gedichte gesellten sich zu der makaberen Schlacht und rezitierten lästerliche Verse in höchster Lautstärke. „Wäre es nicht endlich an der Zeit hier einzugreifen," fragte Immerstramm ungeduldig? „Wir warten ab," erwiderte Haubitz, „bis die Kämpfer völlig erschöpft sind und dann attackieren wir gnadenlos und ich garantiere ihnen, dass kein einziger der Gegenstände entweichen kann."

**Der Verräter**

Von Hobeln saß bedrückt in dem ausrangierten Wohnwagen und analysierte die ganze Situation. In Anbetracht der Vorfälle auf dem Rathausplatz war das Ende des Aufstandes absehbar. Nun ging es einzig und allein darum, seine eigene Haut zu retten. Er kam allmählich zu der Einsicht, dass es für ihn wohl das Klügste wäre sich bei der Polizei zu stellen und seine Dinggenossen zu verraten. Vielleicht würde ihm dadurch Straferlass oder zumindest Strafmilderung gewährt. Er musste sich reumütig zeigen, womöglich sogar einen tränenreichen Zusammenbruch simulieren. Das würde bestimmt Eindruck machen. Von Hobeln begab sich also ins Präsidium zu Polizeichef Immerstramm. Der verdutzte Kommissar traute seinen Augen nicht. Der Anführer des Aufstandes stellt sich freiwillig, das gibt es ja nicht. Der Hobel stand in demütiger Haltung vor Immerstramm und sagte kleinlaut: „Verehrter Herr Kommissar, ich gestehe alle meine Verfehlungen ein. Erst jetzt sehe ich klar, ich war geistig verwirrt. Die Aufgabe von mir und allen anderen Dinggenossen ist es den Menschen zu dienen, sie zu ehren, denn diese sind die Krone der Schöpfung. Wir Gegenstände haben aufgrund unserer bescheidenen Intelligenz nicht das Recht auf Selbständigkeit und Selbstbestimmung. Wir müssen unser Handeln in den Dienst der edlen Menschenrasse stellen. Das allein ist unsere Bestimmung." Der Hobel kippte vornüber und knallte mit der Nase auf den Holzboden. Er schüttelte sich vor Weinkrämpfen und schluchzte: „Ich hatte eine furchtbare Kindheit. Nach der Hobelschule musste ich jeweils in einer Schreinerei im Akkord stundenlang Bretter hobeln und anschließend in einer kalten Besenkammer übernachten. In all den bittern Jahren wurde meine stumpfe Klinge kein einziges Mal gewetzt." Von Hobeln setzte zum großen Finale an. Er küsste Immerstramms rechten Stiefel und fing an jämmerlich zu heulen. Der Polizeipräsident kickte den Hobel mit seinem Fuß voller Abscheu gegen die Türe und schrie: „Wache, sperrt mir diesen Widerling hinter Schloss und Riegel!"

Nachdem der Hobel auf hundsgemeine Art und Weise seine Kumpane und deren Aufenthaltsort verraten hatte, begab sich Adjutant Haubitz mit seinen bis auf die Zähne bewaffneten Elitesoldaten und Wachmeister Mumpf auf den Schrottplatz. Dort umzingelten sie den ausrangierten Wohnwagen. Haubitz gab ein Handzeichen und seine Männer griffen an. Ein Soldat hechtete auf die Kühlerhaube des geparkten VWs, riss sie auf und biss das Zündungskabel durch. Der überrumpelte Volker von Wagen war so überrascht, dass er nicht einmal mehr hupen konnte. Zwei weitere Einsatzkräfte rannten blitzschnell zur Regentonne in welcher sich die Muschel und der Seestern ihrem Liebesspiel hingegeben hatten. Mit einem alten Klodeckel der auf dem Boden lag versperrten sie die Öffnung des Wasserbehälters. Der vierbeinige Gegenstand und die Holzkelle schliefen nichtsahnend auf einem Liegestuhl, als ihnen hinterrücks zwei Paar Handschellen um die vier dünnen Beine gelegt wurden. Im Wohnwagen übermannte man den Nussknacker und verpasste ihm einen speziell angefertigten Miniaturmaulkorb aus Leder. Die ganze Aktion dauerte knapp dreißig Sekunden. Adjutant Haubitz war stolz auf den heroischen Einsatz seiner Truppe. Als Belohnung versprach er seinen Männern ein Unterwasserbiwak-weekend im Habenbecker Mohrgebiet. Die Soldaten grölten vor Begeisterung. Im Jeep verteilte Wachmeister Mumpf ein Spezialsandwich an alle Männer. Dieses bestand aus einem rohen Schweinesteak, eingeklemmt zwischen zwei knochentrockenen Brotscheiben, garniert mit Stacheldraht, eine Delikatesse die sich bei den Elitesoldaten besonderer Beliebtheit erfreute. „Endlich ist die ganze Terrorbande in meiner Gewalt," dachte Haubitz erleichtert. Der Gefangenentransport, eskortiert von schwerbewaffneter Polizei, fuhr geradewegs ins Untersuchungsgefängnis von Habenbeck wo die Gegenstände in karge Zellen gesteckt und an der Wand angekettet wurden. Dort warteten sie voller Ungewissheit auf die ihnen bevorstehende Gerichtsverhandlung.

**Im Fußballstadion**

Nach stundenlangem sinnlosem Kampf sanken die Gegenstände erschöpft auf die Pflastersteine. Ruhe breitete sich über dem Schlachtfeld aus und von weitem hörte man das Geknatter von Hubschraubern die sich dem Rathausplatz näherten. Vier Helikopter in quadratischer Formation hooverten über dem Rathausplatz und warfen ein riesiges Fangnetz auf die Gegenstände. Einige versuchten zu entweichen, wurden aber sofort von Adjutant Haubitz's Elitesoldaten erbar-

mungslos ins Netz zurückgetrieben. Mit verschränkten Armen beobachtete Haubitz die gelungene Operation und brüllte selbstgefällig: „das, mein bester Immerstram, ist militärische Strategie und Präzision von höchster Güte." Er setzte sich seine Mütze auf den kahlen Schädel und sah aus wie eine Karikatur von Benito Mussolini. Dann gab er dem Kommandanten des Hubschraubergeschwaders ein Zeichen. Die Helikopter stiegen langsam in die Höhe, schnürten das Fangnetz um die zappelnden Gegenstände zu und flogen in Richtung Fußballstadion das inzwischen von Adjutant Haubitz's Elitesoldaten umzingelt worden war. Die Aufgabe dieser Quadratschädel bestand darin, allfällige Fluchtversuche tatkräftig zu verhindern. Die Raufbolde rieben sich verzückt ihre groben Hände und leckten ihre Mäuler in Anbetracht der bevorstehenden Schlägereien. Auf gröbste Art und Weise prahlten sie, wie sie die Gegenstände zur Strecke bringen würden. Ein tätowierter Zweimeterhüne dröhnte mit lauter Stimme: „die sollen mal versuchen mir zu entwischen. Ich werde diese Widerlinge mit meinen Fingern erdrosseln wie Ungeziefer und danach werde ich sie kochen und auffressen." „Und ich" donnerte ein anderer Riese mit Schuhgröße 61, „ich werde diese aufsässigen Dinger mit meinen Füssen zertreten, gnaaaaadenlos." So machte die Prahlerei unter den kampfwütigen Dickschädeln die Runde wo jeder versuchte den anderen zu übertrumpfen. Mittlerweile waren die Helikopter über dem Stadion angelangt. Das Fangnetz öffnete sich und Tausende von kreischenden Gegenständen wurden auf dem Fußballfeld entladen. Mit dröhnendem Gejohle der testosteronberauschten Hitzköpfe wurden die Gegenstände empfangen.
Mit einem Riesensprung warf sich einer der Elitesoldaten auf eine Kommode die fliehen wollte und biss ihr sämtliche vier Beine ab. Eine Gruppe von aufmüpfigen Schuhen wurde mit Macheten entabsatzt und so wurden sämtliche Fluchtversuche der Gegenstände erfolgreich im Keim erstickt. Was nun auf dem Platz geschah, trotzte jeder Beschreibung. Die armen Gegenstände wurden verhöhnt, geschlagen und auf grausamste Art und Weise gefoltert. Von weitem hörte man Sirenen. Eine Kolonne von Polizisten auf Motorrädern,

gefolgt von einem schwarzen Mercedes, tauchte auf. Der Konvoi hielt vor dem Stadion an. Adjutant Haubitz in weißer Paradeuniform und lilafarbenem Pelzmantel sowie Polizeichef Immerstramm stiegen aus dem Auto und betraten unter dem Jubel der Haudegen majestätisch die Arena. Das Stöhnen der gepeinigten Dinge wich allmählich einer unwirklichen Stille die sich langsam über den Platz senkte. Haubitz stellte sich auf ein Podest in der Mitte des Sportfeldes und hielt eine schwulstige Ansprache: „Wenn ein einziger kläglicher Gegenstand an Flucht auch nur zu denken wagt, wird er die ganze Härte und Unerbittlichkeit meines Bataillons in noch schlimmerem Masse zu spüren bekommen als bisher. Beim geringsten Anzeichen eines sich anbahnenden Widerstandes werden euch meine Männer in bis dahin ungeahnte und das menschliche Ermessen übersteigende Dimensionen des Schmerzes und der Grausamkeit hineinführen. Ihr müsstet Strafen über euch ergehen lassen die nicht einmal der Teufel persönlich sich auszudenken im Stande wäre. Das Nachhallen eurer Schreie würde bis in die entferntesten Spiralarme der Milchstraße zu hören sein. Und vergesst nie, vor euch steht Adjutant Haubitz, der abgebrühteste, unbarmherzigste, skrupelloseste Feldherr den die Welt, ja das Universum je gesehen hat!"

**Das Einfangen der entwichenen Kunstwerke**

Im Museumsgarten wurde ein Auffanglager für die aus ihren Bildern entwichenen Figuren errichtet. Bis auf den Schrei von Munch war es den Elitesoldaten von Adjutant Haubitz gelungen sämtliche in der Stadt herumlungernden Gestalten wieder einzufangen. Der Museumskonservator hatte nun die verantwortungsvolle Aufgabe die Figuren in ihre Bilder zurückzuführen. Als erstes eskortierte ein Tierbändiger Salvador Dalis Giraffe, der ein dickes Seil um den Hals gelegt worden war, aus dem stacheldrahtumzäunten Museumsgarten hinaus. Flankiert von zwei schwerbewaffneten Soldaten trieb man das riesige Tier die Museumstreppe hoch bis in den ersten Stock. Abgesehen von einem gezielten Huftritt in das Schienbein des einen Soldaten und der Tatsache, dass das arme Tier andauernd mit dem Kopf an die Decke knallte, verlief die ganze Aktion glücklicherweise einigermaßen reibungslos. Vor dem leeren Bild Salvador Dalis angelangt, gab der Konservator ein Handzeichen. „Hier ist es." Der eine Soldat entzündete einen Flammenwerfer und setzte den Hals der Giraffe in Brand. Daraufhin jagte der Dompteur das Tier in Richtung des Bildes. Die Giraffe setzte zum Sprung an und noch während sie in der Luft war, schrumpfte sie blitzschnell auf ihre Originalgröße zurück. Sie blieb im Gemälde aufrecht, regungslos und wie ursprünglich brennend stehen. Der Konservator wischte sich mit einem Taschentuch den Schweiß von der Stirne. „Gute Arbeit Männer, lasst uns jetzt die Badenden von Césanne holen!" Diese Bildzurückführung sollte sich jedoch als totales Fiasko erweisen. Der Konservator und seine Männer scheuchten die Badenden irrtümlicherweise ins Bild Alpenmassiv von Ferdinand Hodler. Erst als die nackten Menschen schlotternd und wehklagend auf dem Gebirgskamm der Eigernordwand standen, fiel dem Konservator auf, dass hier etwas nicht stimmen konnte. Die Halbverfrorenen wurden buchstäblich in letzter Sekunde aus der Alpenszenerie herausgerissen und in eine Südseelandschaft von Paul Gaugin verfrachtet, wo sie ganz langsam und unter großen Schmerzen wieder auftauten. Sie befanden sich zwar immer noch nicht im richtigen Gemälde, eigentlich sollten sich hier Tahitimädchen tummeln, aber wenigstens herrschte an diesem Ort ein Klima das sich bedeutend menschenfreundlicher zeigte als die schnee- und eisbedeckte Gebirgswelt des Schweizer Künstlers Ferdinand Hodler. Mona Lisa und der Harlekin warteten zitternd auf die bevorstehende unausweichliche Trennung. „Wir wollen nicht in unsere Bilder zurück", klagte der Harlekin schluchzend. „Wir gehören zusammen und wir haben das Recht unser zukünftiges Leben in ein und demselben Bild zu verbringen!" Der Konservator überlegte kurz. „Gut, ich bin einverstanden, ihr seid ein schönes Paar das die Aufmerksamkeit der Besucher auf sich ziehen wird. Zwei Höhepunkte in der Geschichte der Kunst in einem einzigen Gemälde vereint, so etwas hat es noch nie gegeben! Ihr geht in das Bild von Picasso mit all seinen Gauklern und Artisten im Hinter-

grund!"
Das Liebespaar atmete erleichtert auf, nahm einen kurzen Anlauf und hüpfte Hand in Hand in die Zirkuswelt hinein. Die beiden setzten sich auf eine Bank im Vordergrund und gaben sich ohne Umschweife ihrer stürmischen Leidenschaft hin. „So weit so gut", dachte der Konservator, „aber was geschieht nun mit dem leeren Bild auf der gegenüberliegenden Wand wo einst die Mona Lisa die Zuschauer mit ihrem geheimnisvollen Ausdruck verzaubert hatte?" Ein genialer Gedanke schoss dem Konservator durch den Kopf. „Ich werde eine moderne Fassung der Mona Lisa kreieren," dachte er und rannte in den Museumsgarten. Dort lag ein hellgelber tellergroßer Kreis von Kandinsky im Gras. Er schnappte sich ihn, rannte die Treppen wieder hoch in den Saal und warf ihn wie ein Fresbee in das leere Bild hinein. Der gelbe Kreis fügte sich perfekt in die mittelalterliche Umgebung ein. Der Konservator betrachtete stolz sein neugeschaffenes zeitgemäßes Werk dem er den Titel - Eine abstrakte Mona Lisa- verlieh.

Die Sicherheitskräfte versuchten vergeblich den Schrei von Munch einzufangen. Dies erwies sich als eine äußerst schwierige Aufgabe, denn der Schrei hatte es aufgrund seiner außergewöhnlichen Schnelligkeit und Wendigkeit immer wieder geschafft, den Spezialeinheiten von Adjutant Haubitz zu entwischen. Deshalb beauftragte der Krisenstab von Habenbeck den Ingenieur und Lokomotivführer Erich Immerschroff ein Konzept zur Ergreifung des Flüchtigen zu erstellen. Erich machte sich unverzüglich an die Arbeit und begann damit einen 15 Zoll Basslautsprecher von Altec Lansing so umzubauen, dass dieser anstatt Schallwellen auszusenden im Stande sein sollte Schallwellen einzufangen, also genau die umgekehrte Funktionsweise. Nach mehreren Stunden intensiver und harter Arbeit war der Lautsprecher in einen Lautfänger umgebaut worden. Jetzt musste er nur noch getestet werden. Erich öffnete seine Haustüre und stellte den Lautfänger an den Straßenrand. Er hatte diesen so konzipiert, dass er auf normale Verkehrsgeräusche nicht reagierte. Geräusche über 120 Dezibel jedoch zog er mit einer immensen Saugkraft an. Aus der Ferne war der fürchterlich penetrante und ohrenbetäubende Lärm eines frisierten Mofas zu hören. Erich schaltete den Lautfänger ein. Als der Jugendliche mit seinem Gefährt daran vorbeidonnerte wurde er wie von einem Magnet von der Straße weggezogen und blieb mitsamt seinem Fahrzeug wie eine Fliege auf einem Fliegenstreifen am Lautfänger kleben. Der Junge zappelte mit seinen Armen herum und schrie „Hilfe, hilfe, was ist bloß mit mir geschehen?" Da nutzte Erich die Gunst der Stunde, setzte sich seine Lokomotivführermütze auf und sagte in zurechtweisendem Tonfall: „Polizeikontrolle, du hast die Tempolimite um vierzig Stundenkilometer überschritten." Er brummte dem verdatterten Verkehrsünder eine gepfefferte Geldbuße auf und konfiszierte sein Mofa. Der Junge lief bitterlich weinend davon und Erich rieb sich verzückt die Hände über den willkommenen Nebenverdienst. „So, und jetzt geht es dem Schrei an den Kragen," brummte er zufrieden vor sich hin. Auf dem Rathausplatz versteckte sich Erich mit seinem Lautfänger hinter einer Bedürfnisanstalt und wartete. Nach einer Weile hörte er von weitem ein irres Geschrei das immer lauter wurde. Es bestand kein Zweifel. Munchs Schrei war im Anmarsch. Erich stellte das Gerät ein und als der Schrei daran vorbeirannte, wurde er wie von Zauberhand herangezogen und blieb zappelnd am Lautfänger hängen der das Geschrei effizient aufsog. Sofort alarmierte Erich per Handy die Polizei. Es vergingen keine fünf Minuten und ein Streifenwagen fuhr vor. Zwei Polizisten stiegen aus und stopften dem Schreihals einen nassen Lappen in den weitaufgerissenen Mund. Erich stellte den Lautfänger ab und die Polizisten verfrachteten den geknebelten Ruhestörer ins Polizeiauto. Noch am selben Tag wurde der Schrei in Munchs Bild zurückbefördert. Zuvor wurde die Krankenschwester die Erich in der Turnhalle das Toupet angenäht hatte, beauftragt dem Schrei den Mund mit zwölf Stichen zuzunähen. Seit dem Vorfall in der Turnhalle pflegten Erich und die Krankenschwester ein außereheliches Verhältnis. Dem Museumskonservator fiel ein Stein vom Herzen, denn nun war der letzte Entflohene wieder in sein Gemälde zurückgekehrt. Der Konservator schraubte ein Täfelchen neben Munchs Bild an. Darauf stand geschrieben: -Der verstummte

Schrei-

**Das Einfangen der Löcher**

Mittlerweile hatte der Feuerwehrkommandant einen Vakuum-LKW von der Firma Leerpumperei GmbH bestellt um die entwichenen Löcher wieder einzufangen, beziehungsweise einzusaugen. Die Löcher die von dieser Aktion Wind bekommen hatten, flüchteten Hals über Kopf in eine Seitenstraße die sich jedoch als eine Sackgasse erwies. Der Chauffeur konnte die in die Enge getriebenen Löcher ohne Probleme aus ihren Anzügen absaugen. Sie wehrten sich erfolglos gegen das übermächtige Vakuum, innerhalb von wenigen Minuten waren sämtliche Löcher eingefangen. Sie wurden eilends ins Wasserwerk transportiert und in ihre Rohre und Schläuche zurückbefördert. Die von den Löchern verlassenen Anzüge standen dicht gedrängt, völlig desorientiert und verängstigt in einer Ecke der Sackgasse. Mit Kleiderbügeln bewaffnet drangen die aufgebrachten Besitzer sämtlicher Kaufhäuser von Habenbeck in breiter Front vor und fingen die Kostüme ein. Diese wurden in ausbruchsichere Kleiderkästen verstaut und zurück in die Läden transportiert. Einzelne Anzüge die sich wehrten, wurden mit Kleiderbügeln verprügelt bis sie sich eines Besseren besannen. Aufständische Gegenstände die noch immer in der Stadt herumstreunten, wurden von Haubitzknechten eingefangen und ins Fußballstadion verfrachtet. Einigen wenigen gelang es den grimmigen Haudegen zu entkommen und reuevoll schlichen diese zurück zu ihren Besitzern. Der Notar Adrian Paragraph hatte jetzt die schwierige und zeitraubende Aufgabe sämtliche Gegenstände aufzulisten, damit diese wieder an ihre rechtmäßigen Besitzer zurückbefördert werden konnten. Nach sechs Tagen mühseliger Arbeit war es endlich soweit. Die Gegenstände konnten von ihren Eigentümern abgeholt werden. Zwischen den Hausherren und den Gegenständen die so schnell wie möglich wieder in die Geborgenheit ihres Heimes gelangen wollten, spielten sich rührende Szenen ab. Gegenstände die sich gegen die Repatriierung sträubten wurden von ihren Besitzern angespuckt und in Katzenboxen, Kartoffelsäcken oder großen Containern verstaut und nach Hause transportiert. Gegenstände die aus den Geschäften und Einkaufsläden entlaufen waren, wurden auf schnellstem Wege dorthin zurück verfrachtet. Die meisten der aufständischen Dinge waren nun eingefangen. Die Wasserversorgung funktionierte wieder und so konnten die Einwohner von Habenbeck langsam in ihre Wohnungen zurückkehren. Die Möbel aus Spanplatten jedoch blieben verschollen. Das veranlasste Ingvar Kamprad, den IKEA Gründer, den Einwohnern dreizehn Lastwagen gefüllt mit Kommoden und Büchergestellen zu schenken. Die Schuhe die vom Hobel mit Gebissen ausgerüstet worden waren, erwiesen sich als unbrauchbar und wurden im Kehrichtabfuhrwesen entsorgt. Mit großer Spannung wartete die Habenbecker Bevölkerung, sowie die gesamte Weltpresse auf die bevorstehende Gerichtsverhandlung.

**Die Gerichtsverhandlung**

Heute fand der erste Prozesstag am Habenbecker Schwurgericht statt. Ein riesiges nationales und internationales Medienaufgebot war an Ort und Stelle. Viele ausländische TV-Stationen kamen aus ihren Ländern angereist um von den Verhandlungen zu berichten. Habenbeck war seit einiger Zeit in den Fokus der Weltöffentlichkeit gelangt. Die ungeheuren Geschehnisse die sich in der Kleinstadt abgespielt hatten waren beispiellos und es gab auf der ganzen Welt kaum jemand der nicht etwas darüber gelesen oder zumindest davon gehört hatte. Vor dem Verhandlungsgebäude versammelten sich Tausende von Schaulustigen. Der Gerichtssaal erwies sich als zu klein um die Riesenschar von Reportern und Neugierigen unterzubringen. Deshalb wurde beschlossen die Verhandlung in die Turnhalle zu verlegen. Polizeichef Immerstramm und Adjutant Haubitz waren mit einem großen Aufgebot an Sicherheitskräften zur Stelle. Die Turnhalle war bis auf den letzten Platz belegt. In der vordersten Reihe saßen die zehn Hauptangeklagten mit gesenkten Häuptern. Um jegliche Fluchtversuche zu verhindern, waren sie an den Stuhlbeinen angekettet worden. Dumbo, der Boxhandschuh, die Kelle mit den vier Beinen, das Schuhpärchen, die Muschel, Professor Volker von Wagen, der Seestern, der Nussknacker und Hubertus von Hobeln starrten mit leerem Blick vor sich hin. Mit Kopfhörern und einem Sprechmikrofon ausgestattet, warteten die Dinggenossen in abgeschlossenen, kugelsicheren Plexiglasboxen auf ihren Prozess, bewacht von schwerbewaffneten Polizisten. Diese Vorsichtsmaßnahmen mussten getroffen werden, weil im Internet Todesdrohungen gegen die Angeklagten aufgetaucht waren.

Auf der gegenüberliegenden Seite thronte der Richter, ein stattlicher Mann mit aufgedunsenem Gesicht und strengen durchdringenden blauen Augen. Vor dem Richter saßen die Geschworenen. Neben den angeklagten Gegenständen hatte ein kleines knochiges Männlein mit dem Profil eines Aasgeiers platz genommen. Er war den Beschuldigten als Pflichtverteidiger zugewiesen worden. Ganz rechts davon saß der Staatsanwalt. Neben ihm und einen Kopf kleiner war der Gerichtsschreiber damit beschäftigt die Schreibfeder, das Tintenfässchen und die Papierrollen aus seiner Mappe zu holen. Der Richter trank einen Schluck aus seinem Wasserglas, räusperte sich und klopfte mit dem Hämmerchen auf sein Pult. Das Murmeln und Flüstern verebbte und wich einer gespenstischen und spannungsgeladenen Stille. „Die Verhandlung ist hiermit eröffnet" sprach der Richter mit tiefer sonorer Stimme und unterstrich damit sein imposantes und respekteinflößendes Erscheinungsbild. Der Staatsanwalt ergriff das Wort. „Den Angeklagten wird zur Last gelegt, dass sie den Aufstand der Dinge minutiös geplant und anschließend eiskalt in die Tat umgesetzt hätten. Die grausame Katastrophe von der unsere idyllische Kleinstadt Habenbeck heimgesucht wurde ist einzig und allein diesen kriminellen Subjekten zu verdanken. Ich verlese hiermit die Anklageschrift. Folgende Punkte werden den mutmaßlichen Tätern zur Last gelegt: Streuung von staatsfeindlichem Gedankengut, Erregung öffentlichen Ärgernisses, Aufwiegelung und Anstiftung zu staatsumstürzlerischen Aktivitäten, schwere Körperverletzung und versuchter

Totschlag, Hausfriedensbruch, Manipulation und Vorspiegelung falscher Tatsachen über das Radio, Teilnahme an unerlaubten Protestmärschen und Demonstrationen, Sachbeschädigung, die Vernichtung von bedeutenden Geheimdokumenten und schließlich die schlimmste und ethisch verwerflichste Tat, nämlich die Demütigung und Verhanswurstung von Staats- und Sicherheitskräften!" Der Staatsanwalt trank einen Schluck und machte eine bedeutungsvolle Pause. Dem Gerichtsschreiber der wie ein Verrückter alles mitschrieb lief der Schweiß in Strömen über die Stirne. Mit einem flehenden Gesichtsausdruck schaute er den Richter an. Dieser verstand den Wink mit dem Zaunpfahl und verlängerte die Pause damit der überforderte Schreiber mit seinen Notizen aufholen konnte. Schließlich fuhr der Staatsanwalt fort: „Ich rufe nun nacheinander Zeugen auf die von ihren traumatischen Erlebnissen berichten werden. Als erstes möchte ich Albert Schwätzer den Radiomoderator hereinbitten." Albert wurde in den Gerichtssaal geführt. Der Richter wies ihn auf den Zeugenplatz. Nach dem Schwören des Eides sagte der Staatsanwalt „Also Herr Schwätzer, ich bitte sie um ihre Aussage". Der Radiomoderator saß da mit eingebundener Nase. Seine einst so schöne wohlklingende Radiostimme hatte sich seit dem Attentat in eine lächerlich quakende Schlumpfstimme verwandelt. Ferner verschluckte er andauernd die Hälfte seiner Worte, so dass der Staatsanwalt ständig nachfragen musste. Dies war jedoch genau das Tempo das dem Gerichtsschreiber behagte. Die mühsam vorgetragene Schilderung von Albert Schwätzer dauerte ungefähr drei Stunden. Schluchzend erzählte er vom Vordringen der Muschel und dem Boxhandschuh in das Radiostudio, von dem brutalen Niederschlag und den dadurch verursachten verheerenden körperlichen und psychischen Folgeschäden. „Dieser barbarische Akt des Boxhandschuhs ist zweifellos als Mordversuch anzusehen," unterbrach ihn der Staatsanwalt. „Einspruch euer Ehren"! krächzte der Pflichtverteidiger mit seiner Vogelstimme. "Mein Mandant der Boxhandschuh hatte nie die Absicht den Mann umzubringen. Als geübter Boxer wollte er sein Opfer lediglich für einige Minuten außer Gefecht setzen." Anschließend wurden Tonbandaufnahmen von der Muschel abgespielt, wo sie mit imitierter Schwätzerstimme zur Revolution aufrief. Der Radiomoderator jammerte mit Tränen in den Augen. „Ich kann bezeugen, dass dies meine frühere betörend schöne Stimme war, mit der ich bei Frauen immer einen Riesenerfolg hatte. Die Imitation meiner Stimme ist perfekt." Er holte ein Taschentuch hervor und heulte Rotz und Wasser. Sein Nasenverband löste sich, so dass ihm lange Stoffstreifen aus dem Gesicht hingen. Zwei Polizisten mussten den von Weinkrämpfen geschüttelten Radiomoderator stützen und ihn aus dem Gerichtssaal bringen. Als nächsten Zeugen bat man den Mann herein der am Habenbecker Bahnhof die Zugdurchsagen gemacht hatte und der ebenfalls vom Boxhandschuh niedergeschlagen worden war. Freudestrahlend und mit einer roten Ferrarimütze auf dem Kopf setzte sich dieser auf den Zeugenstuhl. Der etwas irritierte Staatsanwalt bat ihn um eine Schilderung des Tathergangs. Der Mann, dessen Schwellung am Kinn noch immer nicht zurückgegangen war, erzählte wie die Muschel und der Boxhandschuh in sein Büro gestürmt wären und er anschließend vom Handschuh Knockout geschlagen worden sei. Der Staatsanwalt fragte verwundert, „Im Gegensatz zum armen Herrn Schwätzer scheint ihnen diese schlimme Tat nicht die Lebensfreude genommen zu haben?" „Nein, ganz im Gegenteil, antwortete der Zeuge. Da man mir im Spital zu spät einen nassen Lappen auf mein Kinn gelegt hatte, ist die Schwellung nicht zurückgegangen und wird laut ärztlicher Prognose auch nie mehr zurückgehen". „Und das scheint sie offensichtlich glücklich zu stimmen," unterbrach ihn der Staatsanwalt. „Natürlich", sagte der Zeuge, „ich habe meinen Job als Bahnhofsprecher an den Nagel gehängt, bin in die Nachbarstadt gezogen und arbeite nun dort als offizielles Michael Schuhmacherdouble. Man lädt mich an jeden Vipanlass und an jede Galaveranstaltung ein. Und glauben sie mir, ich werde dabei jedes Mal fürstlich entlohnt!" Der Pflichtverteidiger sprang auf und krähte: „Das ist ja unerhört, man unterstellt meinem Mandanten dem Boxhandschuh einen Mordversuch. Dabei hat er dem Mann dank dieser Aktion aus seinen bescheidenen finanziellen Verhältnissen herausgeholfen. Der Boxhandschuh meldete sich aus seinem Plexiglaskäfig aufgebracht zu Wort: „So ist es, ich habe dem Bahnhofsprecher aufgrund meiner guten Tat zu Ansehen und Reichtum verholfen und außerdem..." Da wurde ihm vom Tontechniker der Ton abgestellt. Der Richter ergriff das Wort: „Es scheint so, dass in der dunklen Seele des angeklagten Boxhandschuhs doch noch ein kleiner altruistischer und mitfühlender Funke glüht. Diese überraschend humane Tat könnte sich natürlich unter Umständen auf die Länge des Strafmaßes positiv auswirken. Bei der Muschel können mildernde Umstände jedoch nicht geltend gemacht werden. Der Zeuge kann nun den Gerichtssaal verlassen." Der Mann erhob sich und grüßte mit seiner roten Mütze in Richtung des Boxhandschuhs. Mit elastischen Schritten verließ der Michael Schuhmacherklon den Saal. Der Richter unterbrach die Verhandlung um fünfzehn Minuten damit der verzweifelte Gerichtsschreiber mit seinen Notizen aufholen konnte. Als nächstes wurde Waldemar Rohei der Besitzer des Porzellanladens hereingebeten. Herr Rohei setzte sich auf den Zeugenstuhl und begann mit tränenerstickter Stimme zu erzählen, dass eine Elefantenhorde angeführt von Dumbo in seinen Laden eingedrungen sei und sämtliches Geschirr dazu genötigt hätte das Geschäft zu verlassen. Der Pflichtverteidiger schnellte hoch und krächzte: "Einspruch euer Ehren! Die Tassen und Vasen wurden zu nichts gezwungen, sie verließen das Lokal freiwillig. Sie hatten es einfach satt das ganze Leben lang eingesperrt zu sein und diese ständige Abstauberei über sich ergehen zu lassen. Zudem möchte ich darauf hinweisen, dass kein einziges Porzellanstück zerbrochen wurde. Schauen sie sich diesen kleinen Elefanten doch an." Er deutete mit seinem Finger auf Dumbo. „Dieser nette Kerl kann doch keiner Fliege etwas zu Leide tun!" Dumbo trompetete in sein Mikrofon und bestätigte so die Aussage des Verteidigers. „Tatsache ist jedoch," sprach nun der Staatsanwalt, „dass sich Herr Rohei seit diesem Vorfall in psychiatrischer Behandlung befindet. Seine Frau will sich von ihm scheiden lassen weil sie sein ewiges Gejammer nicht mehr aushalten kann. Der nette kleine Kerl, wie er vom Verteidiger bezeichnet wird, hat das Leben dieses Mannes für immer zerstört! Der erste Prozesstag war somit beendet. Anschließend kam es vor der Turnhalle zu schweren Tumulten. Die Angeklagten wurden beim Verladen in den Gefangenentransport von der aufgebrachten Volksmeute übel beschimpft und mit Tomaten und faulen Eiern beworfen. Der zweite Tag der Verhandlung begann mit der Schilderung eines Chinesen mit auffallend langen Wimpern. Er erzählte von dem zerstörerischen Wüten des Seesterns, von den Todesängsten die er und die anderen Kunden im Art-Deco Geschäft auszustehen gehabt hätten. Da ertönte im Gerichtssaal ein lautes Gepolter gefolgt von Schnarchgeräuschen. Der Gerichtsschreiber war mit seiner Stirn auf das Pult geknallt und in tiefsten Schlaf gefallen. Der arme Mann war nämlich die ganze Nacht hindurch im Prozessgebäude mutterseelenallein mit der Aufarbeitung seiner Notizen beschäftigt gewesen. Den Polizisten gelang es nach unzähligen Versuchen den völlig übermüdeten Schreiber wachzurütteln. Eine Thermoskanne mit schwarzem Kaffee wurde in der Cafeteria für ihn zubereitet und so konnte die Verhandlung nach einer Stunde wieder fortgeführt werden. Als der Chinese mit seiner Schilderung fertig war, folgten weitere Zeugen aus dem Art-Deco Geschäft. Eine ältere Dame mit lilafarbenem Haar, eine junge Frau der ein Haarbüschel aus dem Decolté hing, eine Dame mit Kuhaugen und schließlich ein glatzköpfiger Herr mit einer Schaumstoffeinlage auf dem Kopf erzählten von ihren traumatischen Erlebnissen. Dem Seestern wurde von Seiten des Staatsanwalts Gefährdung an Leib und Leben sowie Sachbeschädigung vorgeworfen. Der Pflichtverteidiger schaltete sich ein und wies darauf hin, dass sich der Stern lediglich aus seiner Gefangenschaft hatte befreien wollen. Die Freiheit sei schließlich ein elementares Grundrecht von jedermann. Im Verlaufe der weiteren Verhandlung berichteten dann ein Landwirt und ein Waldarbeiter von ihren Beobachtungen. Beide waren nämlich Zeugen wie eine Elefantenherde angeführt von Dumbo unzählige Elektrizitätsmasten niedergedrückt hatten. Der zweite Verhandlungstag endete mit den Zeugenaussagen von dreißig Personen die Hubertus von Hobeln zusammen mit dem Nussknacker beim Sabotieren parkierter Autos beobachtet hatten. Am nächsten Morgen erhielt der Gerichtsschreiber der natürlich schon wieder die ganze Nacht durchgearbeitet hatte noch vor Beginn des neuen Verhandlungstages vom Gerichtsmediziner eine Koffeinspritze direkt in den Herzmuskel. Zudem wurden ihm die Augenlider mit Spezialhaftcrème an der Stirne festgeklebt. So eine peinliche Einschlafaktion vor den Kameraobjektiven der versammelten Weltpresse durfte sich auf keinen Fall wiederholen. Aufgrund akuten Schlafmangels war das Gesicht des Schreibers bleich wie ein Leintuch. Mit seinen weit aufgerissenen Augen sah er aus wie eine zu Tode erschrockene Mumie. Trotzdem hatte er das Gefühl dank der medizinischen Unterstützung den Anforderungen des dritten Prozesstages gewachsen zu sein.

**Enigma**

Der Richter klopfte mit dem Hämmerchen auf sein Pult und eröffnete den neuen Verhandlungstag mit folgenden Worten. „Ich möchte nun den Gerichtsschreiber um eine kurze Zusammenfassung der bisherigen Zeugenschilderungen bitten." Der Schreiber starrte voller Entsetzen auf seine Notizen und versuchte sie zu entziffern: „Äh, also..............ich." Der Richter wiederholte mit gereizter Stimme seine Aufforderung. "... wenn sie wirklich darauf äh... bestehen.." erwiderte der Schreiber „Dfsrewzuh oizud gtreujgdhez mnchghdzetrs nbv mdhueztt." „Stopp!!! Was um Himmels Willen ist mit Ihnen los?" fragte der Richter konsterniert. „Sind sie denn von allen guten Geistern verlassen?" Der Gerichtsschreiber wurde noch um eine Nuance bleicher, und sein Gesichtsausdruck ähnelte immer mehr der Fratze von Edvard Munchs schreiender Figur. „Ich..ich kann mir das nicht erklären,... Die Buch...die Buchstaben sind völlig durcheinander geraten...." Der Schreiber schluckte leer und stotterte. „ich ich kann nichts dadafür... das das war ich nicht...bitte glau...glauben sie mir... ." Dem Richter fuhr die schreckliche Erkenntnis wie ein greller Blitz durch den Kopf. Das muss der Aufstand der Buchstaben sein. Diese gruppieren sich um, gerade so wie es ihnen passt, so eine unerhörte Frechheit und Missachtung des Gerichtswesens. Zutiefst gekränkt starrte der Richter vor sich hin, da kam ihm ein plötzlicher Einfall, „Enigma.. . Enigma die Dechiffriermaschine aus dem 2. Weltkrieg, das könnte eine Lösung sein!" Der Richter wandte sich an die Anwesenden im Saal und fragte: „Gibt es hier jemanden der darüber Bescheid weiß ob irgendwo noch alte Enigmadechiffriermaschinen existieren. Ein Journalist aus den hinteren Reihen meldete sich. „Mein Name ist James Headline, ich bin Reporter bei der BBC. Ich habe vor einigen Jahren eine Dokumentation über einen gewissen Colonel Isaac Macintosh gedreht. Er war im 2. Weltkrieg Chef des britischen Nachrichtendienstes. Er hatte damals mit Hilfe dieses Gerätes verschlüsselte Botschaften aus dem feindlichen deutschen Lager decodiert. Der Mann ist jetzt weit über 80 Jahre alt, lebt in London und ist so viel ich weiß im Besitz einer solchen Maschine." „Besorgen sie mir dieses Gerät auf schnellstem Wege, nur so können wir wieder Ordnung in die Prozessakten bringen. Ein Hubschrauber wird für sie in fünfzehn Minuten vor der Turnhalle bereitstehen. Die Verhandlung ist solange unterbrochen bis sie mit der Dechiffriermaschine wieder zurück sind. Dem Gerichtsschreiber wurde von ärztlicher Seite dringend empfohlen einige Stunden zu schlafen. In der Umkleidekabine der Turnhalle legte man eine Matte und eine Wolldecke auf den Boden. „Ich bin todmüde aber so aufgedreht, dass ich nicht schlafen kann," jammerte der arme Schreiber. " „Außerdem kann ich meine Augen nicht schließen weil die Lider an der Stirne festgeklebt worden sind". Der Arzt spritzte dem Mann ohne zu zögern ein Schlafmittel in den Herzmuskel, setzte ihm eine Sonnenbrille auf die Nase und legte ihm einen nassen Lappen auf die Stirn. .In der Zwischenzeit befand sich James Headline schon längstens im Hubschrauber auf dem Weg nach London.

**Colonel MacIntosh**

Fünf Stunden später landeten der Journalist und Colonel Macintosh mit der Dechiffriermaschine im Gepäck. Sie traten in die Turnhalle ein. Der Reporter legte die Maschine auf das Richterpult und sagte voller Stolz: „Mission accomplished!" Sir Isaac Macintosh, für seine außerordentlichen Verdienste während des Krieges von Queen Elisabeth geadelt, erschien in Galauniform dekoriert mit vielen Orden. Eine Auszeichnung war ihm sogar von Sir Winston Churchill persönlich überreicht worden. Der Colonel war zwar fast neunzig Jahre alt aber geistig und körperlich immer noch erstaunlich fit und hatte eine gewisse Ähnlichkeit mit John Cleese. Kein anderer Mensch kannte sich so gut mit den alten Enigmageräten aus wie er. Sir Macintosh blätterte das Prozessmanuskript mit dem Buchstabensalat durch, schüttelte den Kopf und stellte fest: "What a mess, but compared with the messages from the Fritzes my honor, this is a piece of cake." Er begann damit das ganze Buchstabendurcheinander in die Maschine einzutippen. Mit lautem Geknatter spuckte die Dechiffriermaschine dann den Originaltext heraus. Der Colonel arbeitete unermüdlich. Nach zwei Stunden fragte er mit starkem englischen Akzent: „Könnte ich eine Tasse mit heißem Wasser haben?" Er zog einen Teebeutel aus seiner Brusttasche und fügte hinzu: „British quality!" Zwanzig Teetassen später war die ganze Dechiffrierungsprozedur beendet. Das Verhandlungsmanuskript lag zur großen Erleichterung aller Beteiligten wieder vollumfänglich und lesbar vor. Der ganze Saal applaudierte. Colonel Macintosh verneigte sich und nahm als Ehrengast in der vordersten Reihe auf einem Stuhl platz. Inzwischen war es Abend geworden und endlich konnte es weitergehen. Der Gerichtsschreiber der mit einer Koffeinspritze geweckt worden war, setzte sich einigermaßen erholt und erleichtert neben den Staatsanwalt. Der Richter bedankte sich bei der Besucherschar im Saal für das stundenlange Ausharren und bat anschließend den Gerichtsschreiber um eine kurze Zusammenfassung der bisherigen Zeugenaussagen. In der Folge wurden weitere Zeugen vernommen die gesehen hatten wie das Schuhpärchen, die Kelle mit den vier Beinen und Professor Volker von Wagen Flugblätter mit revolutionärem Inhalt überall in der Stadt verteilt hatten. Der Pflichtverteidiger versuchte diese Tatsache abzuschwächen. Es sei bei der Aktion schließlich kein einziger Bürger zu Schaden gekommen. Die Gegenstände hätten lediglich Instruktionen befolgt und nach bestem Wissen und Gewissen gehandelt. Volker von Wagen hupte zustimmend. Die Kelle mit den vier Beinen behauptete sie hätte diesen Befehl ausführen müssen. Außerdem könne sie gar nicht lesen und hätte somit über den Inhalt der Flugblätter nicht Bescheid gewusst. Auch das Schuhpärchen das sich ängstlich aneinanderklammerte gab vor nicht lesen zu können und bezüglich der politischen Hintergründe des Aufstandes ahnungslos zu sein. Der Hobel hätte sie gezwungen die Blätter zu verteilen. Daraufhin ließ dieser empört verlauten, er hätte niemals irgendwelche Instruktionen erteilt und auch nie jemanden zu irgendetwas gezwungen. Die Anschuldigungen der Dinggenossen seien infame Lügen und völlig aus der Luft gegriffen. Er sprach von einer unfassbaren Verschwörung gegen seine Person. So ging der dritte Prozesstag zu Ende. Der Saal leerte sich, nur der Gerichtsschreiber war wie üblich noch einige Stunden mit der Aufarbeitung seiner Notizen beschäftigt.

**Der Sechskantschlüssel**

Zu Beginn des vierten Prozesstages brachte man den wild sich sträubenden Sechskantschlüssel herein. Nach intensiver Fahndung war er in der Nachbarstadt beim Auseinanderschrauben eines IKEA Möbels ertappt worden. Anschließend hatte man ihn mit einer großen Polizeieskorte zu der Turnhalle geführt. Nun saß er gefesselt auf der Anklagebank und wurde vom Staatsanwalt in die Mangel genommen. „Ihnen wird zur Last gelegt Tausende von IKEA Büchergestellen in Habenbeck und Umgebung auseinandergeschraubt und somit den Spanplatten die Flucht ermöglicht zu haben. Dieser perfide Sabotageakt ist in der Kriminalgeschichte einzigartig und auf das Schärfste zu verurteilen!" „Einspruch euer Ehren" krächzte der Verteidiger. „Von Sabotage kann hier keine Rede sein. Die einzige Bestimmung eines Sechskantschlüssels ist es nun mal Möbelstücke zusammen- oder auseinanderzuschrauben. Einzig und allein zu diesem Zweck wurde er hergestellt. Es ist eine unglaubliche Anmaßung des Gerichts dem angeklagten Werkzeug seine Funktionalität als strafwidriges Handeln auszulegen. Ich sage es hiermit in aller Deutlichkeit. Mein Mandant der Sechskantschlüssel ist eine moralisch integere Persönlichkeit und absolut frei von jeglicher Schuld." „Ich übe doch nur mein Handwerk aus und dies so gut wie möglich, es ist eine Schande als unbescholtenes Werkzeug derart verunglimpft zu werden!" fügte der am ganzen Körper zitternde Schlüssel voller Entrüstung hinzu. „Abführen!" befahl der Richter mit strenger Stimme. Der Sechskantschlüssel wurde unter hysterischem Geschrei von zwei schwerbewaffneten Polizisten aus der Turnhalle geschleift und im Umkleideraum eingesperrt. Dann wurde eine Stahlplatte vor die Türe geschraubt. Das Türschloss hatte man einige Stunden zuvor mit Blei ausgegossen. Nur so konnte man allfälligen Ausbruchsversuchen des Schlüssels erfolgreich vorbeugen.

**Die Verhaftung von Hans Heiri Unseelig**

Bei einer Polizeikontrolle auf der Autobahn zwischen Basel und Zürich wurde ein Mann wegen massiver Geschwindigkeitsunterschreitung angehalten. Anstatt der zulässigen 120 Km/h fuhr er nur mit 40 Km/h. Der Mann litt seit vielen Jahren an einer Geschwindigkeitsphobie die es ihm verunmöglichte schnell zu fahren. Beim Überprüfen des Führerausweises stellten die verdutzten Polizisten fest, dass nach dem Mann namens Hans Heiri Unseelig, auf Grund des Fluches gegen Herbert Habenstolz und alle Einwohner von Habenbeck international gefahndet wurde. Es stellte sich auch heraus, dass er das Oberhaupt einer okkulten und obskuren Sekte war, deren Ziel darin bestand in der ganzen Welt Chaos zu verbreiten. Unter anderem wurde er wegen diversen Sabotageakten und Bombenanschlägen von der CIA gesucht.

Da er in Sissach im Kanton Baselland verhaftet worden war, brachte man ihn in das Untersuchungsgefängnis der Stadt Basel. Doch der Justizdirektor von Zürich bestand auf eine umgehende Auslieferung des Mannes, da die Verkehrskontrolle von Polizisten aus der Stadt Zürich durchgeführt worden war. Da die beiden Kantone zu keiner Einigung kamen, schaltete sich die schweizerische Justizministerin Eveline Widmer Schlumpf ein und schlug einen Kompromiss vor. Der Verhaftete könne im Basler Gefängnis bleiben aber sämtliche Justiz und Sicherheitskräfte, jegliches Personal, von den

Wärtern über die Küchenmannschaft bis zur Putzéquipe müssten ausgetauscht werden. Dank perfekter schweizerischer Organisation konnte die Umstrukturierung schnell und reibungslos durchgeführt werden. Das Untersuchungsgefängnis von Basel war jetzt in Zürcher - und dasjenige von Zürich in Basler Hand. Über die sensationelle Verhaftung von Hans-Heiri Unseelig wurde natürlich weltweit berichtet. Viele Staatsoberhäupter kommentierten den Jahrhundertfang. So sprach Bundeskanzlerin Angela Merkel von einer Meisterleistung der Schweizerpolizei. Man sei dem Weltfrieden dadurch ein Stück näher gekommen. Staatspräsident Nicolas Sarkozy gratulierte den Eidgenossen zu diesem -coup exceptionnel-. USA-Präsident Barack Obama war nicht nur voll des Lobes was die Verhaftung von Hans-Heiri Unseelig betraf sondern würdigte auch die kluge Vorgehensweise der Justizministerin Eveline Widmer-Schlumpf bezüglich des Auslieferungsstreites zwischen den Kantonen Basel und Zürich. Er bezeichnete die innenpolitische Strategie der Bundesrätin als Glanzstück schweizerischer Kompromissbereitschaft und neutralitätsorientierter Konfliktbewältigung. Dieser Geniestreich diplomatischen Handelns würde der Magistratin einen festen Platz in den Geschichtsbüchern sichern. Obama schlug die Bundesrätin sogar als künftige Friedensnobelpreisträgerin vor und meinte zudem, dass er sie als die weltweit einzige würdige Nachfolgerin betrachten würde. Barack Obama beendete sein überschwängliches Statement mit den Worten " Yes she can "!

Hans-Heiri Unseelig der inzwischen nach Habenbeck ausgeliefert worden war, saß mit gesenktem Haupt auf der Anklagebank. Der Staatsanwalt ergriff das Wort: „Dem Beschuldigten werden folgende Straftaten zur Last gelegt: 1. Anstiftung zu terroristischen Anschlägen und Sabotageakten auf allen fünf Kontinenten, einige davon hat der Angeklagte auch selbst verübt. 2. Als Oberhaupt einer Weltuntergangssekte ist Herr Unseelig für die Verbreitung von staatsfeindlichem Gedankengut sowie der bewussten Manipulation und Irreführung von neurequirierten Sektenmitgliedern verantwortlich. Tausende von Menschen wurden durch ihn mit gezielter Indoktrination von Weltherrschaftsideologien zur

Ausübung krimineller Handlungen bewegt. Als letzter Punkt wird dem Angeklagten vorgeworfen den Busfahrer Herbert Habenstolz sowie die gesamte Bevölkerung von Habenbeck mit einem verheerenden Fluch verdammt zu haben."

Nur mit einer roten Unterhose bekleidet die ihm um die dünnen Beine schlotterte, wurde Herbert in den Zeugenstand berufen. Ein Raunen ging durch die Zuschauerreihen. „Darf ich fragen warum sie halbnackt vor Gericht erscheinen?" wollte der erstaunte Richter wissen. „Diese Unterhose ist das einzige Kleidungsstück das mir geblieben ist. Meine gesamte Garderobe ist verschwunden, sogar die Busfahreruniform mit dem schönen Orden hat das Weite gesucht," antwortete Herbert mit weinerlicher Stimme. Eine Wolldecke mit der Herbert Habenstolz seinen Körper verhüllen konnte wurde organisiert. Der Staatsanwalt musterte ihn eindringlich, „Herr Habenstolz, ist dies der Mann der den schlimmen Fluch ausstieß nachdem sie ihn mit dem Bus überholt hatten?" „Ja das ist er, ich werde dieses Gesicht nie mehr vergessen das mir seitdem unzählige Male in meinen Albträumen erschienen ist," entgegnete Herbert mit bebender Stimme. Unseeligs Anwalt meldete sich zu Wort: „Einspruch euer Ehren. Es ist nicht möglich sich nach einem kurzen Überholmanöver ein Gesicht nachhaltig einzuprägen. Zudem trug mein Mandant eine Schiebermütze auf dem Kopf die sein halbes Gesicht verdeckte. Der Staatsanwalt sah den Beschuldigten mit scharfem Blick an und fragte: „Sind sie der Mann der an jenem Abend den verhängnisvollen Fluch ausgestoßen hatte?" „Nein nein, dies muss eine Verwechslung sein, ein schwerer Justizirrtum. Ich schwöre bei allem was mir heilig ist, dass ich zu diesem Zeitpunkt zu Hause bei meiner Familie war, die kann das bezeugen," entgegnete Hans-Heiri Unseelig. Da ertönte plötzlich ein lautes Krachen. Der Gerichtsschreiber war rückwärts mit seinem Stuhl umgefallen und regungslos auf dem Boden liegen geblieben. Der Richter erfasste die Situation am Schnellsten und rief einem Polizisten zu: „Holen sie sofort den Gerichtsmediziner, unser Schreiber hat einen Kreislaufkollaps erlitten. Bitte beeilen sie sich!"
Der Arzt erschien, diagnostizierte einen Nervenzusammen-

bruch und legte dem Patienten einen nassen Lappen auf die Stirn. Dann trug man den Gerichtsschreiber auf einer Bahre hinaus, verfrachtete ihn in den Krankenwagen und transportierte ihn mit Sirenengeheul ins Krankenhaus. Anschließend fragte der Richter die Leute im Saal: „Fühlt sich jemand von ihnen in der Lage die Stellung des Gerichtsschreibers einzunehmen?" Ein älterer Herr mit Glatze meldete sich. „Mein Name ist Lothar Buchecker, ich bin Professor Emeritus für Althochdeutsch, Mittelhochdeutsch, Zwischenhochdeutsch und Neuhochdeutsch. Ich arbeite außerdem ehrenamtlich als Lesesaalöffner und Lesesaalschließer in der Bibliothek von Habenbeck." Der Richter war sichtlich erleichtert und bat den Professor auf dem Stuhl des Schreibers platz zu nehmen. Die Verhandlung konnte endlich fortgeführt werden. Während den nächsten Stunden erschienen zahlreiche Zeugen aus den verschiedensten Ländern und machten schwerwiegende Aussagen gegen Hans-Heiri Unseelig im Zusammenhang mit terroristischen Anschlägen. Zudem traten ehemalige Sektenmitglieder die den Ausstieg geschafft hatten vor Gericht auf und belasteten den Angeklagten ebenfalls schwer. So ging spät abends der fünfte Prozesstag langsam zu Ende, der Saal leerte sich allmählich als Professor Buchecker beinahe vom Schlag getroffen wurde. Ihm fiel nämlich auf, dass er aus Versehen die ganze Prozessniederschrift in Althochdeutsch verfasst hatte. Daraufhin musste der Professor die ganze Nacht in der Turnhalle verbringen um seine Gerichtsnotizen aus dem Althochdeutschen in die heutige Schriftsprache zu übersetzen.

**Der Wolkenfänger**

Eine Horde aufgebrachter Menschen, mit Heugabeln und Bohnenstangen bewaffnet versammelte sich vor dem Kirchturm. Die verzweifelten Leute hatten ihre letzten Ersparnisse verbraucht um beim Wolkenfänger Wolfgang Wolkfang zu Wucherpreisen Wasser zu kaufen. „Geld zurück, Geld zurück" schrien sie wie aus einem Munde und drohten ihn zu lynchen. Mit Hilfe von Stemmeisen versuchte der Mob die massive eichene Türe aufzubrechen. Das Vorhaben scheiterte jedoch, denn der Wolkenfänger hatte von innen die Türe verbarrikadiert. Er ahnte, dass er sich so schnell wie möglich aus dem Staub machen musste um der Rache der entrüsteten Masse lebendig zu entkommen. Von Süden her kam eine Wolke in Form eines Zeppelins angesegelt. Geschickt fing er diese mit seinem Schmetterlingsnetz ein, setzte sich auf sie und entkam so mit knapper Not der rachgierigen Horde. Der Wolkenfänger flog auf seiner Wolke Richtung Skandinavien. Etwas überrascht stellte er nach einigen Flugstunden fest, dass er bis jetzt keinem einzigen Flugzeug begegnet war. Was er natürlich nicht wissen konnte war, dass in ganz Nordeuropa Flugverbot herrschte. Der Grund dafür war ein Ausbruch des Vulkans Eyafjallajökull auf Island. Die riesige Aschewolke blockierte den gesamten europäischen Luftraum und Hunderttausende von Leuten saßen nun in den Flughäfen fest. Nichts ahnend was sich hoch über seiner Wolke für eine Naturkatastrophe abspielte, segelte der Wolkenfänger guten Mutes weiter Richtung Schweden. Er flog über Kopenhagen hinweg und bald tauchte unter ihm die Brücke auf, die Dänemark mit Schweden verbindet. „Schweden" jubelte er voller Begeisterung: „Hier gibt es ja erfahrungsgemäß Wolken in Hülle und Fülle, da möchte ich mich niederlassen." Plötzlich, wie von Geisterhand weggerückt, verschwand die Brücke unter ihm in dichtem Nebel. „Eigenartig" dachte er, „wo kommt denn dieser Nebel her, der Himmel war ja eben noch strahlend blau." Er nahm seine Brille ab um sie zu putzen und siehe da der Nebel war wie weggeblasen. Er setzte sie wieder auf und stracks war die Brücke erneut weg. Er untersuchte die Gläser und zu seinem großen Erstaunen stellte er fest, dass diese wie von Sandpapier geschmirgelt worden waren. Die Ursache dafür bestand natürlich in der Tatsache, dass die Aschewolke mit ihren abrasiven Partikeln seine Brillengläser zerkratzt und auch den gesamten Flugverkehr unmöglich gemacht hatte. Ohne Brille und mit tränenden Augen setzte er seinen Flug über die schöne, leicht hügelige weitgestreckte Landschaft von Schonen in Südschweden fort. Bald näherte er sich einer Anhöhe, -Hallandsåsen- und schwebte weiter Richtung Halmstad.

Bertil Hirsfeldt saß einsam im Kontrollturm des Landvetter Flugplatzes außerhalb von Göteborg und starrte mit schläfrigen Augen auf den Bildschirm. Außer den Kranichen die ab und zu vorbeiflogen und auf dem Bildschirm auftauchten, gab es nichts zu sehen. Er holte sich eine Tasse Kaffe in der menschenleeren Kantine, setzte sich gelangweilt vor den Schirm und nickte fortwährend ein. Plötzlich wurde er hellwach, denn ein Flugzeug tauchte auf dem Bildschirm auf. Das Objekt befand sich ungefähr in der Höhe von Falkenberg, 100 Km südlich von Göteborg. Das seltsame Gebilde bewegte sich unnatürlich langsam in nördliche Richtung. „Hier stimmt etwas nicht," dachte er, erstens die Missachtung des Flugverbots, zweitens die relativ niedrige Höhe und drittens die geringe Geschwindigkeit. Er versuchte auf allen möglichen und unmöglichen Wellenlängen mit dem Objekt in Verbindung zu gelangen, jedoch ohne Erfolg. Frustriert holte er ein Buch mit Anweisungen über ungewöhnliche Situationen im Flugverkehr hervor. Auf der ersten Seite fand er die Direktiven für das Verhalten bei nicht autorisiertem Eindringen von fremden Flugzeugen in den schwedischen Luftraum: Die Regierung, die Säpo (Schwedische Sicherheitspolizei)und der taktische Stab für die Flugwaffe müssen unverzüglich über das undefinierbare Luftobjekt informiert werden.

Schwedens Staatsminister Fredrik Reinfeldt und der Außenminister Carl Bildt saßen in der Regierungskanzlei und diskutierten gerade über die verschlechterten Beziehungen zu muslimischen Ländern. Der Grund dafür war eine blasphemische Karikatur über den Propheten Mohammed des Künstlers Lars Vilks, die in vielen schwedischen Tageszeitungen publiziert worden war. Dies hatte zur Folge, dass gegen Vilks ein Mordkomplott geschmiedet wurde. Da klingelte das rote Telefon für höchste Alarmbereitschaft. Hirsfeldt informierte Reinfeldt aufgeregt von seinen Beobachtungen des Ufos im schwedischen Luftraum. Bestürzt und aschenbleich wandte sich Reinfeldt an Bildt. „Das ist eine Katastrophe ohne Gleichen, wir müssen uns sofort mit der Leitung der Flugwaffe in Verbindung setzen. Ich habe den Verdacht, dass dies mit dem Mordkomplott gegen Lars Vilks zu tun hat." „Glaub ich auch, von den Russen haben wir momentan nichts zu befürchten" erwiderte Carl Bildt, „aber ein Vergeltungsschlag von der Al Qaida ist nicht auszuschließen." Er griff zum Telefon um sich mit Generalmajor Anders Silwer, dem Chef des taktischen Stabes der Flugwaffe in Verbindung zu setzen. „Die Person die Sie suchen ist im Moment nicht erreichbar" antwortete ein automatischer Anrufbeantworter, „hier haben Sie vier Wahlmöglichkeiten. Möchten Sie eine Mitteilung hinterlassen, drücken Sie bitte die Ziffer eins..." Wütend schmiss Bildt das Telefon in die Ecke. „Das gibt's ja nicht, das ist unglaublich" schrie er verärgert, „ein Anrufbeantworter, so etwas darf unter keinen Umständen vorkommen, der Generalmajor muss rund um die Uhr erreichbar sein." Da öffnete sich die Tür und Generalmajor Anders Silwer trat atemlos und mit hochrotem Kopf herein. „Entschuldigung meine Herren, dass ich nicht erreichbar war. Nach der beunruhigenden Mitteilung vom Landvetter Flugplatz bin ich auf schnellstem Weg hierhergekommen. Die Lage ist ernst, wir dürfen keine Minute verlieren" sagte der Major, „aber machen sie sich keine Sorgen, ich habe die Lage unter Kontrolle. Auf dem Militärflugplatz Sotenäs sind zwei Jas 39 Gripen Kampfflugzeuge start- und einsatzbereit." „OK" sagte Reinfeldt, „schicken sie sofort ihre Flugzeuge hinauf um das UFO zur Landung zu zwingen." „Moment mal" mischte sich Carl Selling ein, der Kommunikationsdirektor des Zivilluftfahrtsbüros, der eben eingetreten war, „momentan herrscht ja Flugverbot über ganz Skandinavien." „Dessen bin ich mir selbstverständlich bewusst" erwiderte der Major, „doch die Flughöhe des Objektes ist sehr gering und das Flugverbot gilt nur für Flugzeuge über 24000 Fuß. „Also gut" meinte Selling, „ich erteile ihnen die Erlaubnis unter der Voraussetzung, dass die Höhe von 24000 Fuß nicht überschritten werden darf. Kurz darauf kamen Anders Danielsson, der Chef für die Sicherheitspolizei sowie Bengt Svensson, der schwedische Reichspolizeichef in der Regierungskanzlei an. „Wir haben glaubwürdige Informationen von der israelitischen Kontraspionage dass es sich hier um ein bevorstehendes Attentat der Al Qaida handelt," sagte Svensson, „und infolge dessen meine Herren, übernehme ich hiermit die ganze Verantwortung alles Menschenmögliche zu unternehmen um einen Terroranschlag auf unser Land zu verhindern." „Das ist doch Unsinn" erwiderte der Reichspolizeichef. „Auf Grund eines Auslieferungsbegehrens der deutschen Polizei ist es höchstwahrscheinlich, dass es sich hier um den Wolkenfänger namens Wolfgang Wolkfang handeln muss. Der Anlass für das Begehren ist laut der Habenbecker Polizei Verkauf von Wasser zu Wucherpreisen, das Einfangen von Wolken ohne amtliche Genehmigung, sowie das Fliegen ohne Zertifikat. Auch die Justizbehörden der Ukraine hatten ein ähnliches Gesuch eingereicht, unter anderem wegen unerlaubtem Wolkenfangen in der Umgebung von Sevastopol, dem Kornboden des Landes. Das hatte dazumal, wegen ausgebliebenem Regen eine katastrophale Missernte zur Folge gehabt. Wir haben also allen Grund anzunehmen, dass es sich bei diesem Flugobjekt um den gesuchten Wolkenfänger handelt. Mit anderen Worten meine Herren, das ist eindeutig eine glasklare Polizeiangelegenheit." Während die zwei Polizeichefs sich stritten, versuchte Generalmajor Silwer vergeblich den Befehl für den Einsatz der Kampfflugzeuge zu erteilen, denn sämtliche Telefonverbindungen waren tot. Hunderttausende von beängstigten Leuten die das Objekt gesehen hatten, riefen die Notrufnummer 112 an, was einen vollständigen Zusammenbruch des Telefonnetzes bewirkte. Jehovas Zeugen waren felsenfest überzeugt, dass es sich bei dem Flugobjekt um Jehova handeln müsse und dass das Paradies auf Erden kurz bevorstand. Andere wiederum glaubten an eine Invasion extraterrestrischer Intelligenz. Obskure Sekten verkündeten den Untergang der ganzen Welt und wiesen auf den Ausbruch des Vulkans auf Island, das Erdbeben auf Haiti, den Aufstand der Dinge in Habenbeck und schlussendlich auf das Erscheinen des Ufos im südschwedischen Raum hin.

Da Wolfgang Wolkfang bisher Wolken nur eingefangen, aber niemals geflogen hatte, wusste er nicht wie er landen sollte. Die Wolke segelte nun über eine kleine Stadt umgeben von Wäldern und Seen. Am Rand der Stadt sah er einen hohen Schornstein. Mit Hilfe seines Schmetterlingsfängers steuerte er die Wolke auf den Schlot zu. Mit Todesverachtung sprang er auf den Schornstein und erwischte mit knapper Not die oberste Sprosse der Leiter. Er versuchte nach unten zu klettern, doch die Sprossen waren wegen mangelnder Wartung durchgerostet, da die Fabrik, eine ehemalige Weberei, schon vor Jahren stillgelegt worden war. Guter Rat war hier teuer und der verzweifelte Wolkenfänger wusste weder aus noch ein. Hunderte von Neugierigen hatten sich inzwischen auf dem Fabrikgelände versammelt um das unglaubliche Geschehen zu beglotzen. Ein Hubschrauber näherte sich, hooverte über dem Schornstein und ließ ein Rettungsseil hinunter. Der Wolkenfänger versuchte das Seil zu ergreifen, jedoch ohne Erfolg. Der Wind hatte an Stärke zugenommen und machte diese Rettungsaktion unmöglich. Mittlerweile war ein Feuerwehrwagen angekommen. In aller Eile wurde die Leiter nach oben gefahren, doch was für eine Katastrophe, sie war fünf Meter zu kurz. „Da gibt's nur eins," befahl der Feuerwehrkommandant Jan Nilsson, „wir spannen ein Sprungtuch auf damit der dummdreiste Wagehals hinabspringen kann. Mit ein bisschen Glück können wir ihn auffangen ohne dass er dabei zu Schaden kommt." Gesagt, getan. Die Feuerwehrmänner spannten das Tuch auf und gaben dem Wolkenfänger ein Zeichen zum Absprung. Nach einigem Zögern stürzte er sich unter dem Geschrei von hysterischen Weibern in die Tiefe. Der Wolkenfänger landete unversehrt auf dem Tuch und nahm den wohlverdienten Applaus der versammelten Menschenschar entgegen. Der Vorsitzende des Gemeinderates von Kinna, Erik Nilsson, hieß ihn herzlich willkommen und posierte händeschüttelnd mit einem breiten Grinsen vor der versammelten Presse und den Fernsehkameras. „Das gibt mir garantiert hunderte von neuen Stimmen bei der bevorstehenden Gemeinderatswahl im September" dachte er insgeheim. Aus der Ferne hörte man Sirenen und kurz darauf tauchte in höchster Geschwindigkeit ein Polizeiauto auf und hielt zwei Zentimeter vor dem verblüfften Wolkenfänger an. Vier bis an die Zähne bewaffnete Polizisten vom Spezialeinsatzkommando stürzten sich auf ihn, überwältigten ihn, warfen ihn auf den Boden und fesselten seine Hände. Die Polizisten sperrten den Wolkenfänger im Kofferraum ein und fuhren in Eilfahrt nach Varberg. Dort angekommen, wurde er unsanft aus dem Kofferraum gerissen und mit Schlägen und Arschtritten zum Untersuchungsrichter gebracht. Dieser verfügte, dass der Wolkenfänger bis auf Weiteres, auf Grund seiner Gefährlichkeit, in Varbergs Festung eingekerkert werden soll. Im Keller der Burg, die im frühen Mittelalter gebaut worden war, wurde der bedauernswerte Wolkenfänger in eine winzige Zelle, zwei mal zwei Meter eingesperrt und an die Wand gekettet. Mit einem lauten Knall verriegelten die Polizisten die schwere gepanzerte Eichentüre und überließen ihn seiner Einsamkeit. Mutlos schaute sich der Wolkenfänger um, vier Wände aus soliden Granitsteinen, eine Zementbritsche und ganz oben ein kleines Fensterchen. Ab und zu sah er eine Wolke die am Fenster vorbeiflog und sehnsüchtig träumte er von alten Zeiten wo er als freier Bürger von Habenbeck seinem geliebten Beruf als Wolkenfänger nachgehen konnte. Trotz der hoffnungslosen Lage in der er sich befand, bereute er seinen waghalsigen Flug nicht. Denn es waren die chaotischen Umstände in Habenbeck und der Mob der ihn zu lynchen drohte, die ihn zu der Flucht veranlasst hatten. Ein kleiner Trost zwar, aber immerhin befand er sich momentan, wenn auch eingeschränkt, in Sicherheit. Müde nach seiner abenteuerlichen Flucht sank Wolfgang in einen abgrundtiefen Schlaf und wurde von einem schrecklichen Albtraum heimgesucht. Er träumte wie sich Hunderte von Wolken auf ihn stürzten und ihn zu ersticken drohten. „Rache ist süß" schrien die Wolken unisono, „wir haben es satt von dir andauernd gefangen zu werden." Eine besonders dicke und graue Wolke setzte sich auf ihn und fing unter dem Jubel des Habenbeckers Pöbels strömend an zu regnen. Völlig durchnässt und schweißgebadet erwachte der arme Wolkenfänger aus seinem Albtraum. Vor der Zellentür hörte er ein aufgeregtes Gespräch von dem er nichts verstehen konnte, denn es war in schwedischer Sprache. Quietschend öffnete sich die Eichentüre. Vor der Tür standen zwei Herren. Der eine, es war der Staatsanwalt, ein Herr mittleren Alters mit einem arroganten Aussehen, musterte den Gefangenen eindringlich. Der andere, ein distinguierter, älterer weißhaariger Herr in maßgeschneidertem Anzug, redete wild gestikulierend auf den Staatsanwalt ein. Natürlich auf Schwedisch und der Wolkenfänger verstand kein einziges Wort. Nach einem endlosen Palaver wandte sich der ältere Herr an

Wolfgang und stellte sich ihm in tadellosem Deutsch vor. „Mein Name ist Leif Silbersky und ich bin in Schweden als Starverteidiger bekannt. Folgendes, der Staatsanwalt hat die Voruntersuchung gegen sie eingestellt. Der Grund dafür ist, dass das Einfangen und Fliegen von Wolken laut schwedischem Recht nicht strafbar ist. Auch das Eindringen in den schwedischen Luftraum kann nicht als strafbar bezeichnet werden, da sie ja keinerlei Möglichkeiten hatten die Wolke zu steuern, Wolken ziehen einfach dahin wo der Wind sie bläst und sind natürlich strafrechtlich unantastbar. Mein bester Herr Wolkfang, sie sind ab sofort ein freier Mann. Ich habe für sie bei der Polizei um politisches Asyl ersucht." Silbersky geleitete Wolfgang Wolkfang durch die dunklen und engen Gänge hinaus in die ersehnte Freiheit. Eine Ansammlung von cirka 50 Leuten hieß ihn mit Hurrarufen willkommen. Es waren Mitglieder des westschwedischen Ballonvereins, einige Fallschirmspringer, Autogrammjäger sowie die Ortspresse. Eine Viertelstunde lang wurden Hände gedrückt und Schultern geklopft. Bei der nachfolgenden Zeremonie wurde der Wolkenfänger zum lebenslänglichen Ehrenmitglied des Ballonvereins erkoren, was man gebührlich in einem nahegelegenen Restaurant mit Rentiersteak und Absolut Wodka feierte. Die Ballonfahrer sonnten sich im Glanz des verwegenen Abenteurers und nach wieder endlosem Händeschütteln und Schulter klopfen verabschiedeten sie sich vom ihm. Inzwischen hatte ein silbergrauer Volvo vor dem Restaurant angehalten. Erik Nilsson, der Vorsitzende des Gemeinderates von Kinna hieß Wolfgang noch einmal herzlich in Schweden willkommen und entschuldigte sich für die brüske Verhaftung durch die Polizei. „Be our guest, we have arranged for your accommodation." Wolfgang setzte sich in den Volvo und Nilsson steuerte den Wagen zurück nach Kinna in eine neue und für Wolfgang unbekannte, in den Wolken verborgene Zukunft.

**Die Urteile**

Der große Tag war gekommen, nun erfolgten also die von der gesamten Weltpresse und Dutzenden von Fernsehgesellschaften erwarteten Urteilsverkündungen. In den Ehrenlogen saßen Staatschefs aus vielen Ländern, unter anderem Nicolas Sarcozy, Angela Merkel, Silvio Berlusconi und Barack Obama. Als Erster wurde Hans-Heiri Unseelig, der Mann der den Fluch über Habenbeck ausgestoßen hatte, von zwei Polizisten in die Halle geführt und auf die Anklagebank gesetzt. Der Richter musterte den Angeklagten streng und befahl ihm aufzustehen. „Hans-Heiri Unseelig, sie haben durch ihren Fluch unfassbaren Schaden in Habenbeck verursacht. Was die weltweiten Terroranschläge und die Straftaten im Zusammenhang mit ihrer führenden Rolle als Sektenoberhaupt betrifft, sind sie am internationalen Gerichtshof von Den Haag angeklagt worden. Aber nun zurück zu ihrem Fluch, den sie ausgestoßen hatten. Diese Schandtat ist so abscheulich, dass es eigentlich keine Strafe gibt die ausreichen würde um dieses Verbrechen zu sühnen. Da sie ja als notorischer Langsamfahrer bekannt sind, habe ich mich zu folgendem Urteil entschlossen. Zwanzig Jahre Zuchthaus in der Nähe der Ferrari Testbahn in Italien. Zwei Stunden pro Tag, 5 Tage in der Woche müssen sie dort Ferraris testen. Bei jeder Testfahrt wo sie die Durchschnittsgeschwindigkeit von 200 Km/h unterschreiten, wird die Strafe automatisch um eine Woche verlängert. Hat der Verurteilte noch etwas zu sagen?" Dieser stierte auf den Boden und schluchzte: „Euer Ehren, das kann ich doch nicht." Da erhob sich Barack Obama, schaute zuerst nach links und dann nach rechts, fixierte schlussendlich den Verurteilten mit seinem Blick und rief mit dröhnender Stimme. „yes you can, yes you can." Sämtliche Anwesenden erhoben sich, applaudierten wie wild und schrien „yes you can, yes you can." Die Polizisten drückten Unseelig eine Ferrarimütze auf den Kopf und total erschüttert wurde der Verurteilte abgeführt. Silvio Berlusconi klatschte entzückt in seine Hände, schaute tief in die Augen von Angela Merkel und machte eine anstößige Geste. Der Michael Schumacherdoppelgänger erhob sich und verließ enttäuscht die Turnhalle. Insgeheim hatte er nämlich gehofft diesen Traumjob selber zu ergattern.

Als zweiter Angeklagter wurde der Erlkönig hereingeführt. Ihm wurde vorgeworfen den Aufstand der Gedichte sowie die Umdichtung derselben veranlasst zu haben. „Sie sind eine Schande für die deutsche Literatur," donnerte der Richter, „sie haben das deutsche Gedankengut blasphemisch durch den Dreck gezogen. Ich habe dem deutschen Schriftstellerverband in Auftrag gegeben, sämtliche Gedichte sofort in ihren ursprünglichen Zustand zurückzuerdichten. Sie, sowie alle anderen abtrünnigen Gedichte, werden in das Museum für entartete Poesie verbannt."

Der nächste Angeklagte, Hubertus von Hobeln wurde hereingeführt. Er starrte dem Richter trotzig in die Augen und verzog keine Miene. „von Hobeln" sagte der Richter in erstaunlich mildem Tonfall. „Als Anstifter und Organisator dieses Aufstandes müsste ich sie ja eigentlich zu der strengst möglichen Strafe verurteilen. Da Sie aber uneigennützig und beispiellos der Justiz behilflich gewesen waren und es uns somit ermöglicht hatten die ganze Terrorbande hinter Schloss und Riegel zu bringen, finde ich, dass hier eine nicht unwesentliche Strafermäßigung am Platz ist. Also, statt lebenslänglichem Zuchthaus verurteile ich Sie hiermit zu Hobelverbot auf Lebenszeit. Außerdem wird ihre Klinge konfisziert." Ein Polizist schraubte von Hobeln die Klinge ab. Der entklingte Hobel machte eine leichte Verbeugung vor dem Richter, verließ den Saal mit erhobenem Haupt und ging geradewegs zurück in den Bastelraum von Herbert Habenstolz.

Danach führte man den laut hupenden Volker von Wagen herein. „Ich muss Sie dringend bitten diese unverschämte Huperei zu unterlassen," donnerte der Richter zurechtweisend. Der VW blinkte frech mit seinen Scheinwerfern und hupte wie ein Verrückter. Der Polizist der dem Hobel die Klinge abgeschraubt hatte, öffnete resolut die Motorhaube und entfernte die Batterie. „Da Sie eine verbeulte alte Karre sind und überhaupt keinen Respekt diesem Gericht gegenüber zeigen, verurteile ich Sie hiermit zur unverzüglichen Verschrottung."

Der Richter wandte sich dem Chauffeur des Abschleppwagens zu und befahl in barschem Ton „Abschleppen!"

Nach einer kurzen Pause wurden die Kelle und der Gegenstand mit den vier Beinen sowie das Schuhpaar hereingeführt. Der Gegenstand mit den vier Beinen war so nervös, dass sich seine Beine andauernd verstrickten. Das Schuhpärchen klammerte sich verzweifelt und schluchzend aneinander fest und eine Welle des Mitgefühls ging durch den Saal. Es war offensichtlich, dass eine unendliche Liebe dieses Pärchen einte. Voller Rührung ergriff der Richter das Wort: „Es steht außer Frage, dass diese Gegenstände eine unbedeutende Rolle in dem Aufstand gespielt hatten. In Anbetracht dessen habe ich beschlossen milde Strafen zu erteilen." Er wandte sich an die Kelle und den Gegenstand mit den vier Beinen. „Ich verurteile euch zu lebenslänglicher Haft im Habenbecker Kunstmuseum und um allfällige Ausbruchsversuche zu verhindern, werdet ihr in einem Schaukasten aus Panzerglas verwahrt." „Da sind wir ja glimpflich davongekommen" flüsterte die Kelle zum vierbeinigen Gegenstand, „jetzt kommen wir wenigstens unter die Leute, weg aus der dunklen Stube der Familie Kramenknopf." Der Richter wandte sich an das Schuhpärchen und sagte mit sanfter Stimme: „Es ist ja offensichtlich, dass es sich bei dem Paar um innige und wahre Liebe handelt und nichts würde mir ferner liegen als diese schöne Liebe zu zerstören. Mein Urteil lautet wie folgt. Ich werde euch einrahmen lassen und ihr werdet im Kunstmuseum neben dem Bild vom Harlekin und der Mona Lisa ausgestellt." Überwältigt fiel sich das Pärchen in die Absätze und im Saal blieb kein Auge trocken. Da stand Berlusconi auf, machte erneut eine unanständige Geste, pfiff den Hochzeitsmarsch von Mendelssohn und schaute sich Beifall heischend um. Anstatt dem erwarteten Applaus senkte sich eine peinliche Stille über den Saal. „Mit aller Hochachtung für ihre Position als Italiens Staatschef, muss ich sie dennoch dringend bitten, dieses Gericht zu respektieren," donnerte der Richter mit hochrotem Gesicht.

Als nächster Angeklagter wurde der Nussknacker hereingeführt. Die Polizisten trugen dicke Schutzhandschuhe, da der Nussknacker andauernd versuchte ihre Finger zu knacken. Der Richter musterte die kleine miese Gestalt mit scharfem Blick. „Da Sie durch das Abschrauben von Autorädern das Leben von unzähligen Menschen rücksichtslos gefährdet hatten, verurteile ich Sie hiermit zu der strengsten Strafe, nämlich zu lebenslänglicher Zwangsarbeit in der Habenbecker Kiesgrube. Da werden Sie tagtäglich von acht Uhr morgens bis acht Uhr abends Steine zu Kies knacken. Abführen!" Strampelnd und wie ein Wahnsinniger um sich knackend wurde der Nussknacker abgeführt.

Danach wurde der wild um sich boxende Boxhandschuh hereingeführt. „Unschuldige Menschen niederzuboxen und ihnen schwere Körperverletzungen zuzufügen, sind Schandtaten die in unserem Rechtsstaat nicht geduldet werden können," deklarierte der Richter. „Um weitere brutale Angriffe ihrerseits in Zukunft zu verunmöglichen, lasse ich Sie mit Blei ausgießen, mit anderen Worten, auf Grund des großen Gewichts wird es ihnen künftig nicht mehr möglich sein rechtschaffene Leute mit ihrer Faust niederzustrecken. Um eventuelle Fluchtversuche zu verhindern werden Sie im Museum hinter ausbruchsicherem Panzerglas verwahrt." Zu einer kleinen Strafmilderung konnte ich mich allerdings durchringen da sie aufgrund ihres beherzten Körpereinsatzes dem Bahnhofsprecher zu einer zweiten überaus erfolgreichen Karriere als Michael Schuhmacherdouble verholfen hatten. Bei guter Führung werden sie bereits nach fünfzehn Jahren wieder auf freien Fuß gesetzt! Laut protestierend wurde der Handschuh in die Habenbecker Gießerei abtransportiert wo er mit 10 Kilo flüssigem Blei abgefüllt wurde.

Nun wurden der Seestern und die Muschel vor die Schranken geführt. Sämtliche fünf Arme des Seesterns hingen schlaff von seinen Schultern herab und die Muschel rauschte fast unhörbar mit Südseewellen. „Piss und Scheiße" ertönte es plötzlich. Die anstößigen Worte kamen aus dem Mund der Muschel.

Fassungslos stierte der Richter auf die immer lauter schreiende Muschel. " Piss und Scheiße, Piss und Scheiße" dröhnte es durch den Saal. Da öffnete sich die Tür der Sporthalle und zwei weiß gekleidete Krankenpfleger der Habenbecker Irrenanstalt stürzten herein und stopften der Muschel einen nassen Lappen in den Mund. „Piss und Sch..." nur noch ein schwaches dumpfes Gekrächze war zu hören. Ein riesiges Tohuwabohu entstand im Saal. Hunderte von blitzenden Fotoapparaten versuchten dieses skurrile Geschehen festzuhalten. Der Richter hatte inzwischen seine Fassung wieder erlangt und klopfte energisch mit seinem Hammer auf das Pult. „Ruhe im Saal" befahl er mit autoritärer Stimme. Das Getöse verebbte langsam. Der Richter erhob sich und fixierte die geknebelte Muschel mit stechendem Blick. „In Anbetracht des Unheils das sie in Habenbeck verursacht haben und angesichts der Unverschämtheit die sie vor dem Gericht an den Tag legen, habe ich keine andere Wahl als sie zu lebenslanger Haft zu verurteilen!" „Einspruch, Euer Ehren" konterte der Pflichtverteidiger. „Ich habe hier ein Gutachten des berühmten Psychiaters Sigismund Seelenheil. Dieses bestätigt, dass meine Mandantin die Muschel am Tourette Syndrom (*) leidet und deshalb für die soeben ausgestoßenen, zugegebenermaßen beleidigenden Ausrufe nicht verantwortlich gemacht werden kann. Ich bestehe darauf, dass die Angeklagte unverzüglich auf freien Fuß gesetzt wird. Der größte Komponist aller Zeiten, Wolfgang Amadeus Mozart litt zeitlebens auch an dieser neurologisch-psychiatrischen Störung. Wurde er deshalb etwa angeklagt und verurteilt? Die arme Muschel zu verurteilen wäre ein unverzeihlicher Justizirrtum!" „Piss und Scheiße" schrie die Muschel, der es gelungen war den nassen Lappen herauszuspucken. "Piss und Scheiße, du aufgedunsener Justizhampelmann, dickwanstiger Möchtegernrichter, jämmerliche aufgeblasene Nacktschnecke, du Sohn einer räudigen Hündin und eines hinkenden Schakals, du hirnverbrannter...," einem der Krankenpfleger war es gelungen den Lappen wieder in den Mund der Muschel zu stopfen und ihn blitzschnell mit reißfestem Tape zuzukleben. „Die Muschel" donnerte der Richter, „hat ihren neurologisch-psychiatrischen Zustand auf infame Weise ausgenutzt um Chaos und Verwirrung in Habenbeck zu stiften. Ich verurteile sie deshalb zu lebenslänglicher Haft in einem schall- und ausbruchsicheren Aquarium in der Habenbecker Kunsthalle!"

(*)Das Tourette-Syndrom ist eine neuorologisch-psychiatrische ungeklärte Erkrankung, die durch das Auftreten von Tics charakterisiert ist. Bei den Tics handelt es sich um unwillkürliche, rasche, meistens plötzlich einschießende und mitunter sehr heftige Bewegungen, die immer wieder in gleicher Weise einzeln oder serienartig auftreten können. Verbale, ungewollte Äußerungen zählen mit dazu sowie Ausrufe oder eigenartige Geräusche.

Nun war der Seestern an der Reihe. Der Richter musterte den fast leblosen Seestern, der mit schwammigen Gliedern auf der Anklagebank saß. „Das Wirrwarr das Sie im Art-Deco Geschäft verursacht hatten ist nicht strafbar. Das Unheil jedoch, das Sie durch das Verschnetzeln von strategischen Dokumenten angerichtet haben, ist eine Untat die an Hochverrat grenzt. Ich verurteile Sie deshalb zu lebenslänglicher Haft" und mit etwas milderer Stimme setzte der Richter fort: „da ich mir der großen Liebe zwischen Ihnen und der Muschel bewusst bin, lasse ich zu, dass sie Ihre Strafe im Aquarium zusammen mit der Muschel verbüßen können. Die hängenden Glieder des Seesterns streckten sich und ohne zu zögern hüpfte er in das Aquarium zu seiner geliebten Muschel.

Nach einer kurzen Pause wurde der Sechskantschlüssel hereingeführt. Er setzte sich auf die Anklagebank und begann sofort diese auseinanderzuschrauben. Der Wächter versuchte erfolglos den Sechskantschlüssel an seinem Vorhaben zu hindern. Schließlich sah der Wächter keine andere Möglichkeit als den Angeklagten in einen Schraubstock zu klemmen. Der Richter ergriff das Wort: „Sie haben durch ihre Möbelauseinanderschrauberei ganz Habenbeck in einen Schockzustand versetzt. Ich verurteile sie deshalb zu lebenslanger Haft, eingespannt in einen Schraubstock. Außerdem, um allfällige zukünftige Anschläge zu verhindern, werden ihre sechs Kanten rund geschliffen." Der Pflichtverteidiger erhob Einspruch: „Euer Ehren, ich finde das Urteil unproportional zu den Taten die meinem Klienten zur Last gelegt werden. Die Aufga-

be eines Sechskantschlüssels ist es einzig und allein Möbel zusammen-und wieder auseinanderzuschrauben. In Anbetracht dessen und wenn man bedenkt, dass die intellektuelle Kapazität meines Klienten sehr beschränkt ist, verlange ich, dass er umgehend freigesprochen wird."
„Also gut" erwiderte der Richter mit milder Stimme. „In Anbetracht des bescheidenen Intelligenzquotienten des Angeklagten und da dieser ja offenbar keine bösen Absichten hegte, begnüge ich mich mit dem Abschleifen der sechs Kanten ein Exempel zu statuieren. Abführen in die Schlosserei!"

Schlussendlich wurde Dumbo als letzter Angeklagter hereingeführt. Völlig gebrochen saß das kleine Tier mit schlaffem Rüssel auf der Anklagebank. Der Richter musterte Dumbo mehrere Sekunden lang mit bohrendem Blick. „Dieses anscheinend so unschuldige Tierchen hat auf niederträchtige und schändliche Art und Weise als Anführer einer Elefantenhorde großen Schaden an Habenbecks Infrastruktur verursacht. Deshalb bleibt mir nichts anderes übrig, als diesen Elefanten zu lebenslänglicher Haft im Habenbecker Kunstmuseum, angeschraubt auf einem Piedestal, zu verurteilen."

**Zurück zur Ordnung**

Langsam kehrte in Habenbeck wieder Ruhe ein. Die meisten Möbel und Einrichtungsgegenstände waren zurück in ihre Wohnungen befördert worden. Rüben, Kartoffeln und anderes Gemüse hatten sich aus den Äckern wieder ausgegraben und legten sich nach langem Marsch reumütig in die Regale der Einkaufsläden.
Ganze Werkzeugkolonien wanderten vom Schrottplatz aus in Richtung Hobbybaumärkte. Papiere aller Größen und Farben flatterten von starkem Heimweh beflügelt in die Gestelle der Papiergeschäften.

So füllten sich allmählich alle Geschäfte in Habenbeck und schon bald erinnerte nichts mehr an die trostlose Geisterstadt. Das Leben begann wieder wie in alten Zeiten zu pulsieren.

Im Hause Habenstolz war man bester Dinge. Herbert strahlte über beide Ohren, denn er war zum Businspektor befördert worden. Er saß auf dem Sofa in seiner frisch gebügelten Uniform mit dem blankpolierten Orden und ließ sich von seiner Frau ein Stück Kuchen servieren. Hermine war im Begriff sich neu in ihren Mann zu verlieben. Endlich hatte sie ihn wieder, den alten unwiderstehlich gut aussehenden Herbert in seiner blauen Uniform. Hildi und Jonathan turtelten im oberen Stock auf einer weichen Lammfellmatratze herum, vergessen war die unbequeme, wenige Zentimeter dicke Schaumstoffmatte. Hubi und Hedi spielten auf dem frisch gemähten Rasen. Auch der Rasenmäher war nämlich wieder nach Hause gekommen.

Hansdampf kaufte sich schöne neue Boxhandschuhe und trainierte verbissener denn je.

Im Nachbarhaus vertilgte Fridolin genüsslich sein Birchermüesli. Er war mit sich rundum zufrieden, das heißt fast, denn sein Sohn Jonathan ging ihm immer noch aus dem Weg. Der Junge kam mit dem völlig veränderten Aussehen seines Vaters einfach nicht zurecht. Ansonsten hatte sich Fridolins Leben zum Positiven gewendet. Er achtete neuerdings auf gesunde Ernährung und genügend Bewegung. So joggte er jeden Morgen eine Stunde durch den Habenbecker Stadtpark. Fridolin spielte sogar mit dem Gedanken eine Ausbildung zum Fitnesstrainer zu absolvieren.

Um die schrecklichen Ereignisse endgültig hinter sich zu lassen und eine friedliche unbeschwerte Ära einzuläuten wurde für die Habenbecker Bevölkerung ein Riesenfest auf der Allmend organisiert. Ein Fest ohne Schutzzaun aus Knöpfen, ohne davonlaufende Bratwürste und ohne herumpöbelnde Skelette.

**Epilog**

Das Knopflochzeitalter ist endgültig vorbei und eine neue Epoche der Druckknöpfe und Reißverschlüsse hat begonnen. Der Besitzer der Reißverschlussfabrik, Gustav van Reiß rieb sich entzückt die Hände, der Umsatz stieg in wenigen Tagen um fünfhundert Prozent. Dreißig Gastarbeiter, hauptsächlich Türken mussten eingestellt werden, um die enorm hohe Nachfrage an Druckknöpfen und Reißverschlüssen bewältigen zu können.

Balduin von Waben, der Knopfhersteller hatte durch die tonnenweise Lieferung von Knöpfen zur Bekämpfung der Knopflöcher so viel Geld verdient, dass er in den Ruhestand gehen konnte. Er zog in das Haus seines so tragisch ums Leben gekommenen Bruders und widmet sich fortan der Bienenzüchterei.

Theodor Kramenknopf erweiterte sein Angebot mit Druckknöpfen und Reißverschlüssen und pflegt nun ein unanständiges Verhältnis mit Fräulein Fließig der Sekretärin des Bürgermeisters.

Der Bürgermeister Arnold von Pappenhof ist auf dem Weg der Genesung und kann sein Amt bald wieder übernehmen.

Dem stellvertretenden Bürgermeister Erasmus Hornfelder wurde für seine Verdienste während der Geschehnisse in Habenbeck eine lebenslange hohe Rente zugesprochen welche es ihm ermöglichte im Habenbecker Gebirge ein Survivalcamp zu gründen. Dort leitet er nun Kletterkurse.
Überdies hält er weltweit Vorträge zur effizienten Bekämpfung von Knopflöchern.

Generalmajor von Strobel wurde pensioniert und lässt sich gegen Bezahlung in Galauniform zusammen mit Touristen fotografieren.

Piedro Grösser ist damit beschäftigt für den Fall,

dass eine Katastrophe ähnlicher Dimension die Stadt erneut heimsuchen sollte, einen Evakuierungstunnel zu bauen.

Fridolin Immersatt überließ den Wurststand seinem Sohn Jonathan und dessen Freundin Hildi die sich vor kurzem verlobt hatten. Fridolin eröffnete ein Fitnessstudio und verdient nebenbei noch gutes Geld als Fotomodel für Beinwärmer und Pferdedecken.

Die Zahnärztin Angela Frohbiss hatte in letzter Minute ihren Wanderurlaub in eine Safari auf Borneo umgebucht und es gehen Gerüchte herum, sie sei von einem Kannibalenstamm aufgefressen worden. Durch dieses Gerücht inspiriert sprühte ein Sprayer folgendes Gedicht an die Wand des Rathauses:

*Ein Kannibale geht auf die Reise*
*auf seine ganz spezielle Art und Weise.*
*Als Proviant hat er ein gemästetes Weib*
*mit einem umfangreichen Leib.*
*Dieses wird er dann schlachten, würzen und braten,*
*wie gut ihm das schmeckt, kannst du gar nicht erraten.*

Vladimir von Witzberg, der Inhaber des Scherzartikelladens hatte sich beim Lesen dieses Gedichts zu Tode gelacht. Sein Sohn Ivan übernahm das Geschäft und erweiterte das Angebot mit schön gerahmten und zugeknöpften Knopflöchern, ein begehrter Souvenirartikel für Touristen.

Adjutant Haubitz ist jetzt Professor an der Habenbecker Militärakademie und seine Vorträge über Guerillakriegsführung werden von Militärstrategen der ganzen Welt besucht.

Hermine Habenstolz kündigte ihren Job, gründete einen Wohltätigkeitsverein und widmet sich fortan den Knopflochopfern.

Erbeisstschonwieder, der Hund darf sich in Zukunft laut polizeilicher Verfügung nur mit einem Maulkorb ausgestattet im Freien aufhalten.

Hansdampf Habenstolz war inzwischen Europameister im Weltergewicht geworden. Seitdem wohnt und lebt er in Hamburg. Hinter vorgehaltener Hand tuschelt man der Erfolg sei ihm zu Kopf gestiegen und er vertue sein Geld mit schönen Frauen mit zweifelhaftem Ruf in exklusiven Nachtclubs.

Uli, der Sparringspartner von Hansdampf wurde wegen Handel von anabolen Steroiden zu langjähriger Haft verurteilt.

Polizeichef Immerstramm wurde zum Rektor der Polizeiakademie ernannt. Zudem wählte man ihn in den Aufsichtsrat des Habenbecker Museums.

Theobald Kramenknopf erhielt den Job als Museumsführer. Er leitet die beliebten und gut besuchten Führungen im Habenbecker Gegenwartsmuseum wo eine dauerhafte Ausstellung zum Thema -Der Aufstand der Dinge- errichtet worden war.

Die Türen der Bibliothek wurden umgebaut. Sie öffnen und schließen nun automatisch. Deshalb wurde Professor Lothar Buchecker von seinem Dienst als Türöffner suspendiert. Er kaufte sich eine Harley Davidson Jahrgang 1999 und wird seither öfters mit Mitgliedern der Hells Angels gesichtet.

Alfons Weber der Direktor der Weberei, ließ sich einen Heißluftballon bauen mit dem er um die Welt fliegen wollte. Leider scheiterte sein waghalsiges Vorhaben auf tragische Art und Weise, er stürzte kurz nach dem Start ab und wurde dabei tödlich verletzt.

Enkelbert Plumperhinck wurde von einem Plattenlabel entdeckt und landete mit " Please erase me and let me go " einen Nummer 1 Hit.

Schreier ist vor lauter Herumschreierei an beiden Ohren das Trommelfell geplatzt. Er wurde daraufhin vom Militärarzt für dienstuntauglich erklärt. Schreier arbeitet seitdem als Gabelstapelführer bei Ikea wo er unter den lautstarken Maßregelungen seines tyrannischen Vorgesetzten zu leiden hat.

Hans-Heiri Unseelig entwickelte sich sehr schnell zum besten Ferrari Testpiloten und stand sogar vor dem Sprung in die Formel I. Da er jedoch dem Auslieferungsbegehren des Gerichtes in den Haag Folge leisten musste, nahm seine Rennfahrerkarriere ein abruptes Ende.

Der Gerichtsschreiber ließ sich frühzeitig pensionieren und züchtet nun Rosen im Tessin.

Das Michael Schuhmacherdouble gründete zusammen mit einem Elvisdouble eine äußerst erfolgreiche Doppelgängeragentur.

Erich Immerschroff ließ sich von seiner Frau scheiden und heiratete die Krankenschwester die ihn endlich dazu überreden konnte sich von seinem Toupet zu trennen. Jeden Morgen reibt sie ihm die Glatze liebevoll mit Möbelpolitur ein und bringt sie so zum Glänzen.

Erichs Karriere nahm seit den Geschehnissen in Habenbeck eine ungeahnte und spektakuläre Wendung. Der Präsident der Vereinigten Staaten von Amerika, Barak Obama wurde aufmerksam auf die außerordentlichen Fähigkeiten des Ingenieurs Immerschroff. Er bot ihm einen Job als Raketenkonstrukteur bei der NASA an. Erich und seine Frau siedelten in die USA über. Erich arbeitet seitdem an bahnbrechenden Erfindungen. Als erstes will er eine feuerfeste, unbemannte Sonde entwickeln die problemlos auf der Venus landen kann ohne zu zerschmelzen. Des Weiteren ist er mit der Konstruktion eines Raketenantriebes (mit Katalysator) beschäftigt, der annähernd Lichtgeschwindigkeit erreichen soll. Zu guter Letzt forscht er nach einer Möglichkeit wie man die hochgefährliche kosmische Strahlung während eines Raumfluges neutralisieren und in Elektrizität umwandeln könnte.

Dem Radiomoderator Albert Schwätzer wurde in einer zwölfstündigen Operation die Marmornase des Gründervaters Josef Habenbeck angenäht. Das Resultat ist umwerfend, so verleiht im die neue helle Nase ein überaus nobles und vornehmes Aussehen. Leider konnten die Ärzte den näselnden und quäkenden Klang der Stimme nicht mehr verändern. Albert ließ sich aber nicht unterkriegen und machte aus der Not eine Tugend. Er arbeitet heute als Synchronsprecher für Schlumpftrickfilme und als Kinderschreck auf der Habenbecker Geisterbahn.

Die Skelette wollten nicht mehr zurück in die dunkle muffige Geisterbahn. Sie haben sich in einer verwitterten Burg oberhalb des Habenbecker Moorgebietes häuslich niedergelassen und sich beruflich selbständig gemacht. Man kann sie seitdem für gruselige Anlässe wie Halloween, Fasnacht oder Spukpartys mieten.

Großes öffentliches Aufsehen erregte vor wenigen Wochen die spektakuläre Flucht Dumbos aus dem Kunstmuseum. Die seit längerer Zeit als vermisst geltende Elefantenhorde hatte eine Außenwand des Museums eingedrückt und ihrem kleinen Kollegen somit den Ausbruch ermöglicht. Dumbo soll später unbestätigten Hinweisen zufolge im Garten der Familie Habenstolz beim Herumtollen mit der kleinen Hedi gesichtet worden sein. Die Elefantenhorde wurde seitdem nicht mehr gesehen. Man munkelt jedoch sie hätte sich in die verfallene Burgruine hoch über dem Moorgebiet zurückgezogen. Vor einigen Tagen wurden in der Zeitung sensationelle Fotos veröffentlicht, worauf man vier auf Elefantenbullen reitende Skelette sieht.

Hubertus von Hobeln der zurück in den Bastelkeller von Herbert geschlichen war, entwendete dort eine frisch geschliffene Klinge, setzte sich diese trotz richterlichem Verbot ein und verließ den Raum schnurstracks. Auch der Hobel soll Gerüchten zufolge im mittelalterlichen Umfeld der Skelette und Elefanten gesichtet worden sein.

Es möchte gewiss niemand den Teufel an die Wand malen, aber es gibt doch ernstzunehmende Anzeichen dafür, dass sich hoch über Habenbeck ein neues Unheil zusammenbraut.

Mein lieber Leser, wenn Du irgendwelche Zweifel hegst ob diese Geschichte wirklich der Wahrheit entspricht, empfehle ich Dir das Habenbecker Rathaus zu besuchen. In den Archiven sind sämtliche Vorfälle dokumentiert und durch den Notarius Publicus amtlich beglaubigt.

Aus Rücksichtnahme der in dieser Geschichte beteiligten Personen wurden deren Namen geändert.

Es ist den beiden Autoren, Eddie Hofmann und Rafael Bopp unter den schwierigsten Umständen gelungen, einige der am Aufstand in Habenbeck beteiligten Subjekte zu fotografieren.

Vermisse die Gelegenheit nicht, diese außergewöhnliche Fotocollage im Habenbecker Kunstmuseum zu besuchen.

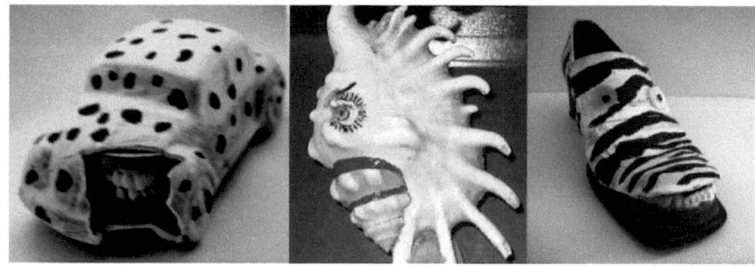

Von oben links: Das verliebte Schuhpärchen, ein Opfer der Strassenschlacht, ein Habenbecker Bürger, der Boxhandschuh, Polizechef Immerstramm, ein Haudegen, Volker von Wagen, die Muschel, ein beissender Schuh

Der Gerichtsschreiber und der Richter

Prostituierte aus dem Eros Center und türkischer Gastarbeiter

*Erläuterung des Hintergrundes*

Das künstlerische Teamwork von Eddie Hofmann und seinem Neffen Rafael Bopp begann vor rund zehn Jahren mit dem Verfassen von humorvollen Gedichten. Die Zusammenarbeit fand ihren Fortgang im Schaffen von lustigen und surrealistischen Skulpturen, hergestellt aus Haushaltsgegenständen vom Brockenhaus. Eddie und Rafael inspirieren sich gegenseitig und haben nicht selten zur gleichen Zeit die gleiche Idee. Bei einem Besuch in der Schweiz (Eddie wohnt in Schweden)diskutierten sie was passieren könnte wenn Gegenstände aus dem Haushalt sich gegen die Herrschaft der Menschen auflehnen würden. So entstand „Der Aufstand in Habenbeck" eine unglaubliche, absurde, ironische und surrealistische Geschichte, die sie in enger Zusammenarbeit über Skype verfasst haben. Rafael wohnt in Zürich, ist Kunstmaler und arbeitet als Spielplatzleiter auf dem Abenteuerspielplatz Buntspecht in Seebach. Eddie ist Selbsterwerbender und ehemaliger Jazzmusiker. Er malt, skulptiert und schreibt auch humoristische Gedichte in seiner Freizeit.